사지 않고, 버리지 않는 반려문화를 위한

길고양이·유기묘
입양 안내서

네코비요리 편집부 편저
박제이 옮김

야옹서가

머리말

'구조한 고양이'란 바깥에서 살다가 구조되어 입양자를 기다리는 고양이를 가리킵니다. 최근 몇 년 동안 널리 알려진 말이지요.

얼마 전까지만 해도 바깥에서 자유로이 산책하는 집고양이도 있었고, 밥자리와 잘 곳이 확실한 길고양이도 있었습니다. 낯선 장소지만 사진에 길고양이가 찍혀 있으면 그것만으로도 살기 좋은 곳처럼 느껴질 정도지요. 하지만 시대는 조금씩 변했습니다. 현대 사회, 특히 도시는 길고양이들이 살기에 결코 녹록한 환경은 아닙니다.

그런 가운데 등장한 것이 '구조한 고양이'입니다. 반려동물로서 고양이의 인기는 여전히 뜨거운 한편, 반려동물 산업에 요구하는 모습이 달라지고 있습니다. 그래서인지 구조한 고양이를 반려동물로 들이고 싶어하는 분이 많아졌습니다. 하지만 구조한 고양이에 관해서 의외로 알려지지 않은 사실도 있고 오해도 적지 않습니다.

구조한 고양이는 어디에 가면 만날 수 있지? 이런 고양이는 어떻게 구조했을까? 펫숍에서 파는 고양이와 뭐가 다르지? 어떻게 입양해야 하지?

이 책에서는 이러한 의문에 답하면서 구조한 고양이를 입양하려는 분들에게 도움이 될 만한 내용을 소개하고자 합니다. 고양이를 키우는 방법에 관해서는 이미 좋은 책이 많이 나와 있으니, 여기서는 길고양이나 유기묘를 입양하는 반려인이 어떤 마음가짐을 지녀야 하는지에 초점을 맞췄습니다.

구조한 고양이를 입양할 때 일어날 법한 일은 만화로, 문제 해결의 힌트나 정보 등은 전문가 감수를 거쳐 칼럼으로 소개했습니다. 길고양이나 유기묘를 입양하는 것은 그저 즐거움과 귀여움만을 주는 일이 아닌, 한 생명을 받아들이는 일이기에 일부러 극단적인 예시를 실었습니다. 다만 대부분 입양 초반에 벌어진 이야기이고, 그 시기가 지나면 즐겁고 따뜻하고 사랑스러운 나날이 기다리고 있지요.

구조한 고양이는 생김새도 성격도 저마다 달라 개성이 넘칩니다. 푹 빠져 헤어나올 수 없는 '고양이와의 삶'을 이들과 함께 시작해 보면 어떨까요?

한국어판 편집 후기

저에게는 두 고양이가 있습니다. 둘 다 유기묘였고 임시 보호를 거쳐 입양했지요. 첫째인 스밀라는 2006년 여름 길에서 구조됐지만 일주일 만에 파양돼 저의 집에 잠시 머물다 눌러앉았고, 2016년 겨울 입양한 둘째 하리는 공고 기한이 얼마 남지 않아 임보처가 급히 필요한 상황이었습니다. 스밀라는 친구가 구조했기에 특별한 절차 없이 데려왔지만, 하리는 임보 전부터 엄격한 심사를 거쳤습니다. 방묘문과 방묘창 설치 여부를 미리 확인받고, 구조단체에서 하리를 직접 데려와 제게 인계했으며, 주민등록증을 확인하고 임보계약서를 썼습니다.

이런 절차를 거치는 이유는 잘 알고 있었습니다. 고양이를 잘 돌보겠다며 데려갔다가 잃어버리는 사람, 내 방식대로 키우겠다며 연락을 끊는 사람, 심한 경우 학대 대상으로 삼는 사람마저 있기 때문입니다. 하지만 이런 상황에 익숙하지 않은 임보·입양 희망자는 "고양이를 돕고 싶어서 연락한 건데 잠재적 범죄자 취급을 하네요?"라며 억울해하거나 "그렇게 까다롭게 굴면 입양할 사람이 있겠어요?"라며 비난하기도 합니다. 고양이를 위하는 마음은 같지만 서로 입장이 다르다 보니 갈등이 생기는 것이죠. 저 자신이 유기묘 입양 경험자이면서, 취재기자로서 구조단체의 어려움을 줄곧 지켜봤기에 양쪽 입장을 이해할 수 있지만, 한편으로는 안타깝기도 합니다.

길고양이·유기묘 입양에 대한 가이드북이 필요한 이유도 여기 있습니다. 임보·입양 전에 어떤 준비를 해야 할지, 막상 시작했을 때 어떤 어려움이 예상되는지, 키우던 고양이와 합사는 어떻게 할지, 여러 어려움에도 불구하고 입양으로 얻는 기쁨은 어떤 것인지…. 이런 정보를 만화로 알기 쉽게 전하는 이 책을 읽고 나면, 불필요한 시행착오를 줄여갈 수 있을 것입니다. 또 단순히 연민에서 시작하는 임보나 입양이 아니라, 한 생명을 끝까지 책임지는 일의 무게를 간접 체험하면서 결심을 다지는 계기가 될 수도 있겠지요. 아무쪼록 이 책을 통해 새 가족을 만나는 고양이들이 늘어나길 바랍니다.

고경원 작가, 야옹서가 대표

목차

고양이 선배 세미나

수의사와 자원봉사자, 펫시터 등
고양이와 관련한 다양한 경험과 지식을 지닌 사람들이
독자적인 노하우와 도움이 되는 정보를 소개합니다!

칼럼

스즈키네 새로운 가족

프롤로그

길고양이·유기묘 입양 안내서

6

바로,
살럿 공주다.

하지만,
결혼까지는
넘어야 할
벽이 있었다.

생략이
심하잖아!

| 지금
여기 | 결혼 | 웃짱
만남 | 샤루
구조 | 쯔스케
떠남 |

그렇게
작년에
결혼해서
지금에
이르렀지.

나는
공주님이라옹.

으음,
아마도
저 밑에.

어?
고양이는?

맨 처음,
아내를
우리 집에
초대한 날.

실례
하겠습니다.

응….

괜찮아~
동물 좋아하고
본가에도 쭉
강아지가
있었고!

놀자~!

샤루짱,
발견!

퍼뜩

아

그래서 가능한 한 손님을
초대하지 않았는데….

샤루는 엄청나게
낯을 가려서
나 이외 사람의 기척이
나면 틀어박혀서
나오지 않는다.

….

소파 밑

9

1장

구조한
고양이란?

일본에서 '구조한 고양이'라는 말이 정착한 것은 최근 몇 년 사이의 일입니다. 얼마 전까지만 해도 '집고양이'가 집 밖에 나가기도 하고, 이름은 '길고양이'라도 자유롭게 산다는 이미지가 있었습니다. 하지만 그것은 겉으로 보이는 모습일 뿐. 길고양이는 추위와 더위, 굶주림과 같은 가혹한 환경에 놓여 살아갑니다. 병이나 사고 등의 위험도 늘 도사리고 있지요. 최근에는 인간에 의한 학대나 사고 위험도 커졌습니다. 중성화 수술을 하지 않은 암컷 고양이가 낳은 새끼가 또 새끼를 낳아서 개체 수가 늘어남에 따라 피해를 호소하는 사람들도 있습니다. 그 결과 일본에서는 연간 3만 마리 이상이 살처분되었습니다.

이러한 상황을 우려하는 마음에서 자연히 시작된 활동이 '구조묘 활동', 즉 길고양이를 구조해 가족을 찾아 주는 일입니다. 일본의 구조묘 활동은 현재 개인과 NPO 단체 등에서 다양한 형태로 전개되고 있습니다.

동시에 '지역고양이(地域猫, 일본에서 지역 주민이 공동으로 돌보고 관리하는 고양이-옮긴이)', 'TNR'이라는 아이디어도 생겨났습니다. '지역고양이 활동'은 고양이로 인한 갈등을 줄이고 지역 주민들과의 공생을 꾀하는 활동입니다.

'TNR'이란 포획(Trap)한 길고양이에게 중성화 수술(Neuter)을 한 후, 원래 살던 곳으로 되돌려 놓는(Return) 것입니다. 방사 후에는 밥을 주고 배설물을 치우면서 지켜봅니다. 중성화 수술을 한 표시로 귀 끝을 V자로 자르는 단체도 있습니다(우리나라는 반듯이 자르기도 함-옮긴이). 이러한 활동은 장기적으로 봤을 때 길고양이를 줄이는 것을 목표로 합니다.

얼마 전까지만 해도 반려동물과 함께 살고 싶다고 생각한 사람이 우선 눈길을 돌리는 곳은 펫숍이나 브리더였습니다. 하지만 개나 고양이들이 상품으로 취급됨에 따라 생명을 경시한 참혹한 사건이 늘었습니다. 이러한 배경 속에서 최근에는 펫숍의 영업시간과 매장에 내놓을 수 있는 동물의 나이를 규제하는 등 일본 환경성도 조처에 나섰습니다.

이제 반려동물을 돈을 주고 사는 시대에서, 구조해서 입양하는 시대로 변하고 있습니다. 이는 법률이나 조례로 강제하기 때문이 아니라, 인간과 동물 본연의 관계가 회복된 결과인지도 모릅니다.

구조한 고양이를 만나는 법

구조한 고양이를
만날 수 있는
장소는
여러 곳이다.

보호단체&자원봉사자 주체

입양 모임
매장 일부나 적절한 장소를 빌려서
정기적으로 개최한다. 고양이의 사연이나
성격, 건강 상태 등을 자세히 들을 수 있다.
실제로 안아보게 해 주는 곳도 있다.

보호소
구조한 고양이들을 수용하는 보호소도
있다. 기본적으로는 입양 모임과
마찬가지다.

나이나 성별, 병력, 구조 경위
등을 적은 카드를 부착

새끼 고양이뿐 아니라 성묘나 다른 형제도
마음에 드는 아이가 있다면 입양을 고려한다.

아무에게나 보내지
않는다. 문답지
작성과 면담을 거쳐
보호자가 '이 사람,
이 가족이 정말
괜찮을지' 판단한다!

서로 의견이 일치하면 계약서를 작성한다.
2주 정도의 임보(임시보호)를 거쳐
정식으로 입양을 한다.

♥ 구조한 고양이를 입양하려는 사람은 늘고 있지만 어떻게 입양해야 하는지 모르는 사람이 많지요.

◆ 최근에는 인터넷에 의지하는 모양이에요. 동물 가족을 찾는 사이트가 최근 늘고 있지요.

♣ 운영자를 확인하거나 후기를 보고 신뢰할 수 있는 사이트를 고르세요.

◆ 하지만 가능하다면 실제로 만나보고 결정하는 게 가장 좋아요.

♥ 최근에는 보호소나 동물보호센터도 많이 개선되고 있어요.

◆ 이전부터 입양자 모집은 하고 있었지만 아무래도 부정적인 이미지가 강했는지 찾아오는 사람이 적었답니다.

♣ 일본 환경성의 지원 등으로 '살처분 0%'를 목표로 가족 찾기를 추진하는 센터가 늘고 있는 건 확실해요.

♥ 시설 내부를 깔끔하게 해서 동물들이 지내기 편하게 하고, 내방자의 마음의 벽을 낮추기 위해 노력하고 있어요.
　'만남의 방'을 마련해 둔 곳도 있지요. 가까운 곳에 있다면 가 볼 만한 가치가 있어요!

♣ 가장 안심되는 곳은 보호단체나 자원봉사자가 주최하는 입양 모임이나 보호시설이겠죠?

♥ 사람 손에 익숙해진 고양이가 많고, 나중에도 도움을 받을 수 있으니까요.

동물병원이나 반려동물 관련 시설
병원이나 반려동물 미용실 등의
반려동물 관련 시설에서도 가족을
모집하는 게시판이나 포스터 등의
정보가!

동물보호센터
각 광역자치단체, 기초자치단체 등에
있다. 살처분 시설이라는 이미지가
강했지만 최근에는 동물들을 살리는
쪽으로 다양한 방안을 마련하고 있다.

센터 안의 모습

새로운 반려인을 찾는 데 힘쓰는
시설도 늘고 있다.

입양하려면 직원과 면담하거나,
조사, 사전 강습회 등을 실시하는 시설도
있다. 다만 세금으로 운영되는 만큼,
보호 기간이 정해져 있다.

지인 찬스
지인이 구조한 고양이나
버려진 새끼 길고양이 등의
정보가 돌고 돌아 들어오기도 한다.

고양이 보호 카페
최근 증가하는 유형이다. 자택에서 지내는
것처럼 가족을 찾는 고양이들과 미리
어울릴 수 있다.

인터넷에서도!

◆ 단, 입양 조건이 까다로워 해당자가 아니면 입양이 어려울 수도 있어요.

♥ 동거 중인 커플이나 60세 이상인 분에게는 입양 보내지 않는 곳도 있어요.

♣ 조건 조율을 해 주는 단체도 있어요. 가령 고령자는 어렵지만, 후견인을 지정하면 가능하다든지.

♥ 고양이 보호 카페도 늘고 있어요. 같은 공간에서 시간을 보내며 고양이의 성격을 파악할 수 있다는 게 매력이죠!

◆ 놀거나 안아볼 수 있는 곳이 많아서 모두 데리고 오고 싶어진답니다(웃음).

♣ 만남의 방법이 어떻든 고양이가 행복해지면 되죠! 물론 반려인도요. 가족이 되어 하루하루가 조금이라도
풍요로워진다면 더할 나위 없겠죠?

1

고양이 면역 결핍
바이러스에 감염된 고마오

길고양이·유기묘 입양 안내서

선호되는 외모가
유행하는 시기도,
좋아하는 취향도
저마다 다르다.

최근엔 노란 줄무늬와
검은 고양이가
인기다.

나이 외에는 무늬나
털 색,
쉽게 말하자면
'생김새'가
입양을 좌우한다.

못생겨서 귀여운 얼굴이라든가.

대부분 가장 신경 쓰는
부분은 건강 상태다.

건강한 아이,
병이 없는 아이,
장애가 없는 아이,
오래 함께할 수 있는 아이.

당연하다.

아무래도 남겨지기
쉽다.

그것이 일반적인 생각이다.

그래서….

아프거나 나이가 많거나
신체적 장애가
있는 아이는

처음부터 병간호에
시달리거나 병원에
다니는 삶을 바라는
사람은 없을 것이다.

다함께 즐겁게
살려고 고양이를
데려오기에,
건강한 아이를
바라는 것은
당연하다.

고마오는 나이도 한 살로 어리고 성격도 사람을 잘 따른다.

그렇게, 보호단체나 달리아 씨의 집에는 남겨진 고양이가 엄청 많다.

고마오의 '*고마'는 머리에 있는 점 때문이지요~

*고마(ごま)는 '깨'라는 뜻

밀어붙여 보았지만 어려웠다.

입양 모임

솔직한 아이예요. 눈은 하나지만 아무런 지장 없이 살고 있어요!

오른쪽 눈이 없는 것이 불안한 모양이다.

하지만….

귀여운데 눈이….

하지만 아직 발병하지는 않았으니까요.

에이즈….

바이러스 검사에서 고양이 면역 결핍 바이러스(FIV) 양성 반응이 나왔다. 이른바 '고양이 에이즈'다.

고마오에게는 악조건이 하나 더 있었으니까.

고마오(수컷), 1세.
구충·변 검사 완료
인식 칩 완료
고양이 면역 결핍 바이러스 양성
중성화 수술 완료

고마오

하지만 키우는
고양이가 없고
앞으로 늘
가능성도 없다면
큰 문제는 없는데,

먼저 키우는
고양이가 있고
음성이라면,
양성 반응을 보인
고양이를 새로
입양하는 건
추천하지 않는다.

으음….

양성이라도
발병하지
않는 경우도
많아요.

아내의 말에
동의했다.

고마오를
입양하고 싶어.
정말 착한 아이야.

'에이즈'라는
말이 주는
부정적 인상이
큰 모양이다.

…그래!

고마오를
우리가
입양하자.

양성이니까.

왜냐하면
샬럿도

우리 집에는 이미
샬럿이라는 고양이가
있지만 괜찮다.

뭐냐옹?

동물병원에서
건강진단과
기본 돌봄을

**바이러스
감염**

입양자를 찾든, 집으로 데려가든 병의 유무, 특히 감염병 검사는 무척 중요합니다. 먼저 키우던 고양이에게 전염될 수도 있기에 질병에 따라 입양을 포기하거나, 혹은 완전히 격리해서 생활해야 하지요. 바이러스 감염이라는 말은 언뜻 듣기에는 좋지 않지만, 지나치게 두려워할 필요가 없는 질병도 있습니다. 고마오나 샬럿이 양성 반응을 보인 고양이 면역 결핍 바이러스는, 무증상이나 잠복기가 이어질 뿐 발병하지 않는 경우가 적지 않습니다. 스무 살을 넘겨서까지 건강하게 산 친구들도 많이 있지요. 우선은 병의 특성, 키우던 고양이와 잘 맞는지 등을 파악하는 일부터 시작하세요.

◆고양이 면역 결핍 바이러스 감염증(FIV)

검사로 양성 반응이 나와도 발병하기까지 잠복기가 길다. 감염률은 낮다. 발병하면 면역력이 떨어지고 설사나 발열, 구내염 등이 심해져 목숨을 잃는다. 양성 반응을 보인 고양이들끼리는 함께 살아도 상관없다. 스트레스를 줄이는 게 중요하다.

◆고양이 범백혈구 감소증(고양이 파보 바이러스 감염증, FPV)

감염력이 무척 강하고 치사율이 높은 무서운 병. 이 바이러스에 감염된 고양이를 접촉한 인간이 집고양이를 전염시킬 수도 있다. 발병하면 급속히 악화하여 목숨을 잃는다. 특히 새끼 고양이라면 급사할 가능성도 있다. 키우던 고양이가 있다면 철저히 접촉을 피한다.

◆고양이 전염성 복막염(FIP)

고양이 코로나 바이러스가 변이하여 일으키는 감염증. 열이 나고 체중이 줄어든다. 배에 물이 차는 습식 복막염과, 물이 차지 않는 건식 복막염으로 나뉜다. 다묘 가정의 고양이가 많이 걸리는 것으로 알려져 있다. 그 밖에도 통칭 '고양이 감기'로 불리는 허피스 바이러스나 칼리시 바이러스, 클라미도필라 펠리스 등의 감염증이 있다. 목숨이 위험해지는 경우는 드물지만, 새끼 고양이나 체력이 떨어진 노묘는 악화될 수도 있으니 주의해야 한다.

구조한 고양이는 일단 동물병원에 데려가서, 상처가 있거나 병에 걸렸다면 곧바로 치료해야 합니다. 겉보기에는 건강해 보여도 길 생활 중 다양한 질병에 노출되었을 수 있으니까요. 온몸을 꼼꼼히 살피고 대략적인 나이와 성별을 판단합니다. 때에 따라 목욕이 필요할 수도 있습니다.

그 후 변 검사, 구충제 투여, 바이러스 감염 여부 확인을 위한 혈액 검사 등을 하고, 시기를 따져 백신 투여와 중성화 수술 등을 실시합니다.

구충제 구조한 고양이는 기생충에 감염되었을 확률이 높습니다. 회충이나 조충 등 체내에 있거나, 벼룩이나 진드기처럼 피부에 붙어 있기도 합니다. 목숨을 위협하기도 하므로 구충제를 먹입니다.

백신 접종에 대해서는 찬반 양론이 있지만 앞서 말한 감염증의 예방 등 단점보다 장점이 더 많기에, 이 책에서는 고양이를 지키는 효과적인 수단으로서 장려합니다. 다만 부작용 가능성도 있으니 수의사와 상의한 후 결정합니다. 구조한 고양이는 대부분 백신 접종 후 입양 모임에 내보냅니다. 보통 성묘는 구조 직후, 새끼 고양이는 생후 8주와 12주에 접종합니다.

중성화 수술 중성화 수술도 종종 논의 대상이 되지만, 병을 예방하고 발정기의 욕구 불만을 해소하는 등 고양이에게 장점이 많아 권장합니다. 구조한 고양이는 새끼 고양이를 제외하면 중성화 수술을 하는 경우가 대부분입니다.

인식 칩 목 뒤에 마이크로칩을 심어 전용 인식기로 정보를 읽을 수 있습니다. 잃어버렸을 때나 재해가 일어났을 때, 이름이나 연락처 등 반려인의 정보를 알 수 있습니다. 수의사와 상담하여 적절한 때 활용합시다. 고양이를 가족으로 맞이할 때 동물병원과 긴밀한 관계를 맺는 일은 필수입니다. 신뢰할 수 있는 병원과 선생님을 찾아 두는 것이 좋습니다.

2장

구조한 고양이를 입양하다

펫숍이나 브리더가 다루는 고양이는 거의 순종입니다. 아메리칸 쇼트헤어나 먼치킨 같은 인기 품종이 혈통서와 함께 진열되어 있습니다. 한편 길고양이 대부분은 잡종입니다. 이따금 순종이거나 부모가 순종인 아이도 있지만 기본적으로는 잡종이어서 '삼색이'나 '치즈', '턱시도' 등 털 색이나 무늬로 구별해서 부르기도 합니다.

하지만 모두 뿌리를 거슬러 올라가면 같은 아프리카 들고양이(Felis lybica)를 시조로 둔 자손입니다. 순종이란 결국, 판매를 위해 편의상 구분한 것일 뿐입니다. 개와 비교하자면 품종의 차는 거의 없다시피 하여, 순종이든 잡종이든 모두 같은 '고양이'. 잠자기를 좋아하고 제멋대로 살아가는 생명체지요.

큰 차이라면 사람을 따르는 정도일까요? 생후 3개월 이전에 사람 손을 탄 고양이는 적응이 비교적 쉽지만, 6개월에서 1년 이상 바깥 생활을 한 고양이는 상처나 트라우마가 생겨 사람을 멀리하기도 해요. 이런 아이는 사람 손을 타는 데 시간이 걸리지요.

보호단체나 자원봉사자가 순화 훈련을 하면 질색하는 고양이도 있습니다. 역시 새로운 가족과 보내는 따스한 시간 속에서 치유하면서, 느긋하게 평온한 고양이 본래의 모습을 되돌리는 것이 이상적이겠지요.

또한, 고마오처럼 질병이나 신체적 장애를 지닌 아이도 있지만 실제로는 병명이나 겉모습이 주는 인상만큼 심각하지 않을 수도 있습니다. 그러니 마음에 드는 아이가 있으면 자세히 질문하거나 알아보면서 입양을 고려하는 게 어떨까요? 장애가 있어도 고양이는 자기 자신을 불쌍하다거나 불행하다고 생각하지 않아요. 그러니 '불쌍하다'가 아니라 '귀엽다' '같이 살고 싶다'라는 생각을 가장 우선했으면 합니다. 그런 다음에 자신의 생활 방식, 먼저 키우던 고양이와의 균형을 고려하는 게 좋습니다.

구조한 고양이는 다양한 개성의 집합체입니다. 구조 당시에는 상상도 하지 못했던 어리광을 피우거나, 이해하기 힘든 애정 표현을 하는 등 인간의 예상을 훨씬 뛰어넘는 재미가 있습니다. 그러한 변화나 과정, 눈에 띄는 개성을 즐기는 것도 구조한 고양이를 입양하는 기쁨 중 하나겠지요.

2

길고양이에서 구조한 고양이로

이따금 달리아 씨도 등장

어쩌나, 부끄러워라.

고양이에게 푹 빠진 아내는 달리아 씨를 돕기 시작하고 스스로 공부하더니 지금은 나보다 고양이를 더욱 잘 알게 되었다.

심지어 유튜브를 개설해서 구조한 고양이의 정보를 알리고 있다!

윳짱 채널

저번 방송에는 길고양이를 포획해서 중성화 수술이나 필요한 치료를 하고 원래 살던 곳으로 되돌리는 TNR 활동을 소개했습니다!

귀 커팅 표식

고양이 구조 단체 '달리아 모임'의 윳짱 채널입니다!

●REC
00:29:22

안녕하세요!!

윳짱

현장에 가서 그 아이가 누군가 키우는 고양이가 아닌지 주변 탐문을 합니다!

달리아 모임에는 버려진 고양이나 다친 고양이의 구조 상담이 들어옵니다.

이메일이나

이번에는 또 하나의 중요한 활동, 구조와 입양에 대해 소개하겠습니다!

전화로

처음에는 불쌍했지만 빨리 포획하는게 그 아이를 위한 일이라는 걸 알았어요.

포획틀

지역고양이도 아니고, 누군가 키우는 고양이도 아니라는 사실이 확인되면 구조합니다.

손을 타서 쉽게 안아 올릴 수 있는 아이도 가끔 있지만 대개 포획틀을 사용합니다.

쏙

밥

고양이가 들어가서 이곳을 밟으면 문이 닫히는 구조.

억울해.... 밥만 먹고 가 버렸어.

... 포획틀이 작동하지 않거나.

저거 수상하다냥.

응, 그렇다냥.

경계 하거나.

이거 들어가면 안 되는 거다냥!

들키 거나.

포획은 쉽지 않습니다.

다쳤다면 처치, 병이 있으면 치료.

건강 진단이나 추정 연령 확인.

그래도 어떻게든 무사히 구조하면 곧장 병원으로.

밤을 새우거나 며칠 걸리기도.

그래.

착하지, 착하지.

교대하러 왔어.

우라!

추워~

건강해지면
순화 훈련 시작.

바이러스 검사,
중성화 수술,
백신, 구충제,
인식 칩 등.

그거야 당연하죠.
무슨 일이
일어나는지,
자기가 어떻게 될지
모르니까요.

갓 구조한 고양이는
대부분 심하게
울며 보챕니다.

야옹~! 야옹~

무섭다옹~

여긴 어디냐옹?

집에 갈래~!

야옹~

…상황을
이해해 주기란
쉽지 않겠지요.

그런
고양이가

너를
해칠
사람은 없어.

여기는
안전한
장소야.

개중에는 마음을
열기까지 1년 이상
걸리는 아이도
있습니다.

3개월령 이상이 되면
'개묘차'는 있지만
손을 타기까지
며칠에서 몇 주는
걸립니다.

새끼
고양이가
더 쉽게
마음을
엽니다.

얌전

놀자옹~!

최근 사회 문제가 되는
애니멀 호더의 증가도 문제.

키운다기보다는
학대한다고
해도 좋은 상태.

정말
잔혹합니다….

중성화 수술을
하지 않은 채
번식을 반복해
제대로 된 사육이
불가능해진 상황.

당사자나
이웃에게서
도움 요청이나
상담이 온다.

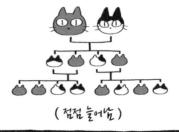

(점점 늘어남)

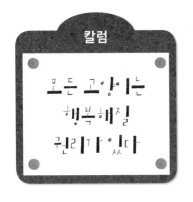

구조 활동이 활발해지면서 고양이를 입양하는 과정도 이전보다 진보했습니다. 보호센터든 보호단체든, 일반 자원봉사자에게서든 '이 아이가 마음에 들어요. 입양할게요!' 하며 쉽게 데려갈 수는 없습니다. 대부분 그 사람이 반려인으로서 적합한지 심사하거나, 입양 조건이나 규약 등의 가이드 라인이 마련되어 있습니다. 키우고 싶어 한다고 해서 무조건 허락해 주는 것은 아닙니다.

이러한 과정을 번거롭게 여기는 사람도 있을지 모릅니다. 구조한 쪽에서도 입양 절차가 간편해야 입양자를 찾기 쉽다는 건 압니다. 하지만 이러한 입양 절차는 다양한 경험에서 생겨난 것입니다. 안이한 입양으로 지금껏 수많은 갈등이 생겨났습니다. 과거에는 학대하려고 고양이들을 입양하는 사람도 있었습니다. 그런 피해를 입은 고양이는 쉽게 입양할 수 있는 아이들이었습니다. 이따금 형사 사건이 되어 발각되기도 하지만, 겉으로 드러나지 않은 사건도 분명 있겠지요.

일부 극단적인 사례라고 생각할 수도 있지만, 어렵게 구조된 아이들이 인간의 사정이나 부주의 탓에 다시 바깥으로 내몰리거나 목숨을 잃는 사태만큼은 막아야 하지 않을까요? 어떤 경우든 피해를 입는 쪽은 고양이이니까요.

이로 인해 자연히 입양 규정이 엄격해졌습니다. 결과적으로 실제로 입양과 관련된 문제도 줄고 있지요. 또 부적절한 입양을 피하기 위한 수단으로 최근에는 열흘에서 2주 정도 임보(임시 보호) 기간을 마련하는 단체가 늘고 있습니다. 임보라고는 하지만 입양을 전제로 하며, 도저히 어려운 경우에만 없던 일로 되돌리는, 일종의 유예 기간입니다. 구조한 고양이를 여기저기 내돌리면 스트레스를 받고 불안해할 테니까요. 임보 제도는 구조자와 입양자가 신뢰 관계를 구축해 고양이 입양에 대한 각오를 함께 확인하기 위한 장치인 만큼 유용하게 활용했으면 합니다.

구조한 고양이를 입양할 준비1

드디어 구조한 고양이가
우리 집에 온다!
고양이를 배려한다면
어떤 준비가 필요할까?

첫날

케이지에 씌울 천

안 쓰는 시트나 다용도 커버 등
완전히 가릴 수 있다면 뭐든 좋다.

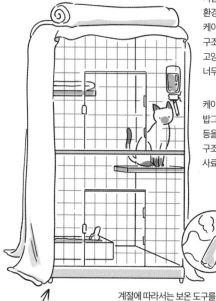

케이지 안 화장실은 균일가
매장 등에서 파는 식기 바구니
등을 활용해도 좋다!

케이지

사람에게 익숙한 아이라도
환경이 바뀌므로 한동안
케이지에서 생활하게 한다.
구조자가 빌려 주기도 한다!
고양이 몸집에 맞는 것으로.
너무 큰 것은 피하도록!

케이지 안에는 화장실,
밥그릇과 물그릇, 담요
등을 둔다. (맨 처음에는
구조자가 주던 것과 같은
사료가 좋다!)

계절에 따라서는 보온 도구를
(40도 정도의 따뜻한 물을 넣은
페트병을 수건으로 감싸서)

익숙해지기까지 화장실 모래는
구조자가 쓰던 것과 같은 것을 (본인
냄새가 나는 것을 조금 받아 오면 좋다).

- ◆ 케이지는 반드시 준비하세요.
- ♥ 필요 없다는 사람도 있지만 처음에는 있는 게 단연코 좋습니다.
- ◆ 그리고 가족이 모이는 방에 설치했으면 하는데….
- ♣ 격리할 방이 있어야 한다고 조언하는 곳이 많지요. '냥바냥'이지만, 앞으로 여기에서 산다는 각오를 다지게 하기
  위해서라도 가족들 얼굴이 보이는 장소가 더 낫습니다.
- ♥ 그 대신 케이지에 천을 씌워 숨을 수 있게 배려해 주세요.
- ◆ 볼일도, 식사도, 수면도 케이지 안에서 해결할 수 있도록 쾌적하게.
- ♣ 간혹 화장실 안에서 자는 아이가 많지만, 신경 쓰지 마세요(웃음).
- ◆ 우선 케이지 안은 안심할 수 있다고 생각할 수 있도록, 그동안 집이나 가족의 냄새, 목소리에 익숙해지게 하세요.
  그때까지는 너무 간섭하지 말고요.
- ♣ 온도 조절에는 신경 써야 해요. 특히 여름엔 열기가 차서 더위를 먹지 않도록 에어컨이 있는 방에 두세요.

캣타워
수직 운동도 할 수 있으므로 추천!
사이즈도 디자인도 다양하다.

이동장
이동하거나 병원에 갈 때
사용한다. 재해 시 피난에도 좋다!
하드 타입을 추천한다.

발톱깎이·칫솔
어릴 때부터 하면 익숙해지는
경우도 있다.

스크래처
다양한 타입이 있으므로 몇
가지 시험해 보고 고양이가
좋아하는 것을 찾자.

간식
커뮤니케이션 도구로는
짜 먹이는 액상 간식이 효과적이다.
너무 많이 주지 않도록 주의한다.

세탁망(그물코가 큰 것)
발톱을 자를 때나 이동할 때
유용하다.

집·침대
좋아하는 걸 찾을 수 있을지?

♥ 이동장은 다양한 유형이 있어요. 배낭형이라든가.

♣ 튼튼한 하드 타입을 추천하지만 취향도 있으니까요. 디자인도요.

◆ 그리고 캣타워나 집, 침대! 대부분 큰맘 먹고 샀는데 눈길조차 안 주는 일이 흔하니 처음에 너무 많이 사지 않는 게
좋아요.

♥ 그러다가 반년쯤 지나 갑자기 쓰기도 하지요.

♣ 우선은 하나 시험 삼아 써 보게 하면 좋겠지요.

♥ 발톱을 가는 것도 고양이 나름.

◆ 우리 집 고양이는 하지 않아요. 그리고 발톱은 꾸준히 자르는 게 좋아요. 하지만 자르게 허락해 줄지는 알 수
없지요(웃음).

♣ 고양이란 예상대로 행동하지 않는 동물이라서….

♥ 처음 몇 달은 그런 사실을 반려인이 깨닫는 기간이에요.

구조한 고양이를 입양할 준비2

물품 준비 외에 집 안도
고양이를 배려해서!

인테리어
고양이에 따라 다르겠지만, 지금까지와는 다른 배려가 필요하다.

관엽식물
스킨답서스나 몬스테라 등 고양이가
먹으면 중독되는 관엽식물은 치우자.
안전한 식물이라도 고양이가
올라타서 부러뜨리기도 하면 가엽다.

꽃
백합이나 은방울꽃 등, 절화든 화분이든 위험한
종류가 있다. 고양이가 손대지 못하는 장소나
들어가지 않는 방으로 옮겨둬야 한다. 꽃을 먹는
아이도 있다.

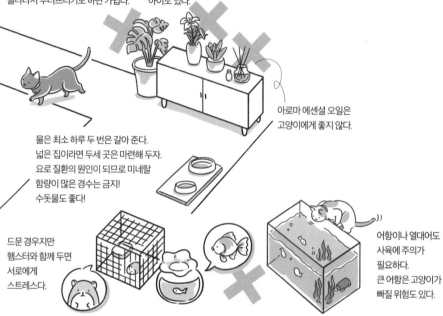

아로마 에센셜 오일은
고양이에게 좋지 않다.

물은 최소 하루 두 번은 갈아 준다.
넓은 집이라면 두세 곳은 마련해 두자.
요로 질환의 원인이 되므로 미네랄
함량이 많은 경수는 금지!
수돗물도 좋다!

드문 경우지만
햄스터와 함께 두면
서로에게
스트레스다.

어항이나 열대어도
사육에 주의가
필요하다.
큰 어항은 고양이가
빠질 위험도 있다.

◆ 고양이를 훈련하는 것은 불가능하다고 생각하세요.

♥ 그게 바로 개와의 큰 차이점이지요. 개와 살아본 적이 있는 사람은 자꾸만 훈련시키려고 하지요….

◆ 거의 불가능하지만요(웃음).

♣ 그렇게 되면 고양이 반려인만의 독특한 사고가 자리잡지요.

♥ 고양이가 뭔가 부수거나 떨어뜨리면…. "이런 데다 둔 내가 나빠."

♥ 고양이가 배변 실수를 하면…. "화장실 청소를 게을리한 내가 나빠."

♥ 고양이가 뭔가를 잘못 먹으면…. "이런 데다 꺼내 두다니, 난 왜 이렇게 바보 같지!"

♣ 정말 그렇지요. 다만 잘못된 음식을 섭취하는 건 목숨이 위험해질 수도 있으니 정말로 조심하세요.

◆ 일단 먹고 보는 아이가 있어요. 맛없다고 말해 줘도 말이죠(웃음).

♥ 고양이가 있으면 나만의 인테리어를 고집하기도 힘들어지지요. 하지만 고양이에게 맞추면서도 멋지게 꾸미는
   센스를 발휘하는 사람도 많아요.

화장실 훈련 방법
처음에는 배설물을 전부 치우지
말고 조금 남겨 둔다.

↓

실수를 했다면 티슈로 닦은 후
그 티슈를 화장실에 넣어 둔다.

↓

두세 번 반복하면 고양이는 대체로
이해한다. 구조자 집에서 화장실을
잘 가렸더라도 장소가 바뀌면 실수할 수
있으므로 절대 화내서는 안 된다.

피규어나 작은 오브제 등은 장식용 상자에 보관하자.
잘못하면 삼키는 경우도 있으니 바깥에 꺼내 두지 말자.
물건을 떨어뜨려야만 직성이 풀리는 아이도 있으므로, 깨지는 것이나 먹으면
위험한 것은 반드시 치워 두자.

사람 음식도 꺼내 놓는 것은 좋지 않다!
젓가락이나 접시, 조미료 등도
사용한 후에는 곧바로 치우자.

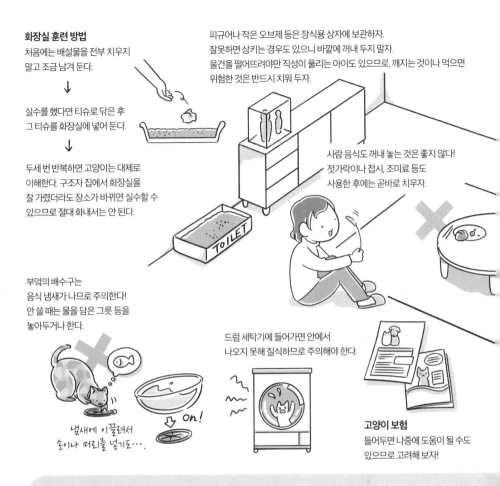

부엌의 배수구는
음식 냄새가 나므로 주의한다!
안 쓸 때는 물을 담은 그릇 등을
놓아두거나 한다.

드럼 세탁기에 들어가면 안에서
나오지 못해 질식하므로 주의해야 한다.

냄새에 이끌려서
손이나 머리를 넣기도….

On!

고양이 보험
들어두면 나중에 도움이 될 수도
있으므로 고려해 보자!

♣ 그러기 위해서는 우선 그 고양이의 성격이나 습관을 알아야겠지요.

♥ 하지만 점점 인테리어가 단순해져서, 결국 고양이에게 맞추게 되죠.

♣ 맞아요. 화내는 것은 아무 의미 없어요. 자기혐오에 빠질 뿐….

♥ 그러고 보니, 에센셜 오일이 좋지 않다는 걸 모르는 사람이 의외로 많아요.

♣ 피부로도 흡수하는데 체내에서 성분을 분해하지 못해요. 갑자기 중독 증상을 일으켜 목숨을 잃을 수도.

◆ 안정 효과는 고양이에게서 얻는다고 생각하고 아로마는 포기하세요.

♥ 한편, 고양이 보험은 어때요?

♣ 우리 집은 열 마리가 넘으니 어렵지만, 두세 마리라면 들어두는 것이 좋을지도. 최근에는 싼 보험도 늘었고요.

◆ 동물은 사람 같은 건강보험 제도가 없으므로 병원비가 사람과 달리 비싸요. 입양 전에 명심하세요!

스즈키와 샬럿

그보다….

첫날은 걱정했지만 밥도 잘 먹고 컨디션도 괜찮은 듯.

냠

냠

밤에 우는 것도 꽤 나아졌네.

고마오 @스즈키네

3
일째

샬럿 공주~ 샤루짱~ 간식 먹을래?

얘가 안 먹어.

….

밤뿐 아니라 아침에도 낮에도 쉬지 않고….

뱌아아아아 우야아아앙

냐아아앙

뱌아아아아아아아 아아앙!

뱌아앙!!

밤이 되자 샬럿의 울음소리는 무시무시했다….

그래도

갸아아아 냐아아아

무야아아아

우오오오옹

야옹

삐~삐~

냐오오오옹

반려동물을 키워도 되는 집이긴 하지만 면목없다.

일단 관리인과 양 옆집, 윗집 사람에게 과자를 갖고 가서 사죄했다.

죄송합니다, 죄송합니다.

폴짝

팍

잔상

(순식간에) 사라졌다!

다음 날, 너무 시끄러워서 케이지에서 꺼냈는데

모스케 때는 편했는데.

갸삐~

오오오오오~옹

냐~~~~

부야~오오옹~

핼쑥해짐

43

길고양이·유기묘 입양 안내서

응?

적막~

조용하다.

달리아 씨가
데려가 주지
않을까
생각했다.
안이했다.

...
달리아 씨가
안심시켰을까.

새근

아,

잔다.

아니, 내가
진짜로
포기하면
달리아 씨는
틀림없이
데려가 줄 거다.

너무
무서워서
어쩔 줄
몰라서
그런 거지.

우는 것도,
날뛰는 것도
다 불안해서다.

새근

새근

하지만 문제는
그게 아니다.

어리석구나….

나란 사람….

모스케의 투병 당시 공부한 덕에 그쪽 지식은 있었다.

응똥

다음 날, 병원에서 연락이 왔는데 고양이 면역 결핍 바이러스에 감염되어 있다고 했다.

그리고 우는 시간은 확실히 줄었고, 밤이 되면 잠들었다.

열흘이 지나자 서로 완전히 익숙해졌다 (아마도).

웅미~ 밤 달라옹 ♥

구불구불하던 수염도 반듯해졌다.

발병하지 않도록, 스트레스를 주지 않게 조심하면 된다.

다른 고양이가 없는 집이라면 고양이 면역 결핍 바이러스는 아무런 문제도 되지 않는다.

문제없어.

막상 익숙해지니 상상 이상의 애교로 쩔쩔매는 상황.

알았어, 알았어.

골

쭉쭉 짜 먹는 거 달라옹.

골

아이고.

나는 샬럿의, 샬럿은 나의 존재를 서로 확인한 느낌이다.

그건 간식이야~

쭉쭉 짜 먹는 게 좋다옹.

49

나와 샬럿은
가족이 되었다.

샬럿,
그리고 모스케에게
약속했다.

말 못하는
고양이가
안간힘을 써서 하는
감정 표현에
눈과 귀와
마음을 집중하자.

다신 그러지
않아.

샬럿에게
소리친 후의
그 기분을
잊지 말자.

구조한 직후 고양이는 십중팔구 울부짖습니다. 이건 아예 통과의례로 생각하는 편이 좋아요. 보호단체나 자원봉사자를 거쳐 왔다면 울부짖는 시기도 이미 지났을 테니, 입양 가정에 와서도 짧으면 반나절에서 길면 며칠 안에 안정을 찾고, 목소리 톤도 그렇게까지 심하게 높아지지는 않겠지요. 그런데 길에서 직접 구조해 곧바로 데려 온 아이라면 샬럿처럼 절규하는 모습을 보게 됩니다.

왜 이렇게 우는 걸까요? 불안하고 무섭기 때문입니다. 고양이 입장에서 보면 거대한 생명체(당신)에게 잡혀서(구조) 낯선 곳(집)에 끌려와 감옥(케이지)에 갇힌 셈입니다. '잡아먹힐지도 몰라, 이대로 있으면 위험해, 나가야 해!' 하는 마음이랄까요?

하지만 밤새도록 울어대는데 고양이 입장을 생각할 여유는 없지요. 결국 못 견뎌서 케이지 밖으로 꺼내 주거나, 어떻게 해야 좋을지 몰라 갈등하게 됩니다. 하지만 고민이나 갈등도 스스로 결정할 수 있기에 따르는 법이지요. 사람과 달리 고양이는 눈앞의 상황을 받아들일 수밖에 없습니다. 꺼내 주었을 때도 그렇습니다.

귀마개를 하거나 마타타비를 주거나, 동종요법, 펠리웨이(다음 쪽 참조) 등을 사용하여 나흘에서 일주일 정도 기다려 주세요. 첫날과 이튿날이 너무 힘들다면 동물병원에서 고양이를 안정시키는 약을 처방받는 것도 좋습니다.

나흘이 지나면 울다 지쳐서 배가 고파질 테고, 밥을 먹기 시작하면 환경에 적응해 갑니다. 그리고 '이제 나는 이곳에서 사는 거구나' 하는 결의를 다지기 시작하죠. 반나절이면 적응하는 고양이도 있고 열흘 정도 필요한 아이도 있지만, 어쨌든 그날은 오기 마련입니다. 그렇게 되면 이제 함께 즐겁게 살아가는 일만 남는 거지요.

참고로 새끼 고양이라면 그렇게까지 큰 소동이 일어나지는 않을 것입니다.

길고양이를 구조했다면

버려진 고양이나 몸이
약해진 고양이를
구조했다면 만사
제쳐두고 병원으로!

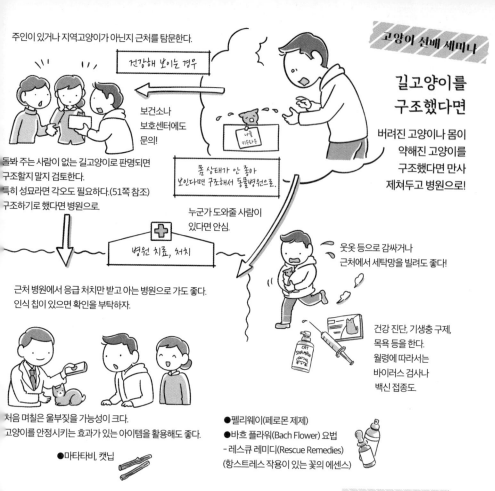

주인이 있거나 지역고양이가 아닌지 근처를 탐문한다.

건강해 보이는 경우

보건소나
보호센터에도
문의!

돌봐 주는 사람이 없는 길고양이로 판명되면
구조할지 말지 검토한다.
특히 성묘라면 각오도 필요하다.(51쪽 참조)
구조하기로 했다면 병원으로

몸 상태가 안 좋아
보인다면 구조해서 동물병원으로.

누군가 도와줄 사람이
있다면 안심.

병원 치료, 처치

근처 병원에서 응급 처치만 받고 아는 병원으로 가도 좋다.
인식 칩이 있으면 확인을 부탁하자.

옷옷 등으로 감싸거나
근처에서 세탁망을 빌려도 좋다!

건강 진단, 기생충 구제,
목욕 등을 한다.
월령에 따라서는
바이러스 검사나
백신 접종도.

처음 며칠은 울부짖을 가능성이 크다.
고양이를 안정시키는 효과가 있는 아이템을 활용해도 좋다.

●마타타비, 캣닙

●펠리웨이(페로몬 제제)
●바흐 플라워(Bach Flower) 요법
 - 레스큐 레미디(Rescue Remedies)
 (항스트레스 작용이 있는 꽃의 에센스)

고양이 선배의 조언

♥ 길에 버려진 새끼 고양이, 성묘라도 다치거나 몸이 아픈 아이라면 구조하고 마는 것은⋯. 인간의 본능이지요.

♣ 다만 문제는 그 다음이지요. 앞일을 생각해 보고 도저히 어쩔 수 없는 상황이라면 손대지 않겠다는 생각과 우선은
구하자는 생각, 둘 다 정답일지도.

◆ 지금은 정보를 제공하거나 수집하는 수단이 다양해서 어떻게든 되는 경우가 많으니 우선은 구조하면 좋겠어요.
길에서 만난 인연도 인연이니까.

♣ 도저히 자신이 키울 수 없다면 입양자를 찾아 나서요. 지인 중에서 찾는다면 좋겠지만.

◆ 인터넷으로 입양자를 찾는다면, 조금 수고스럽더라도 신뢰할 만한 사람이 나타나기까지 타협하지 말아요.
최종적으로는 직접 만나 확인한 후 결정해야 해요.

♥ 보호단체의 입양 조건을 참고해도 좋죠. 입양 후 몇 년은 잘 지내는지 연락하겠다는 약속을 받으면 좋아요.

♣ 보호단체나 자원봉사자가 가까운 곳에 있다면 의논해 보는 것도 좋아요. 외부 고양이는 받지 않는 경우도 있지만,
정보를 얻을 수 있으니 우선 연락해 보면 어떨까요?

🌙 한밤중이라면

(이튿날, 병원에)

종이상자에 목욕 수건이나 시트, 헌 옷 등을 깔아서 침대로, 작은 상자에 신문지나 잡지를 잘게 자른 것을 넣어 간이 화장실로.

집에 이미 고양이가 있다면 격리한다.
따로 방이 없다면 욕실도 좋다.
체온이 낮지지 않도록 주의하자.
면도기 등도 조심한다.

수분 공급이 중요하다.
데운 물에 설탕을
조금 타서 준다.

편의점이나 마트에서도 사료를 살 수 있다.
처음에는 캔을 물에 개어서 주자.

●페트병 탕파
춥지 않도록 페트병에 40도 정도의
따뜻한 물을 넣고 수건으로 감싸서
탕파를 만든다.

집에 데려갈 수 없다면

반려동물이 금지된 집이라 집에 데려가기 어렵다면 친구 집에 부탁하거나, 갈 곳을 찾을 때까지 동물병원에 맡기는 방법도 있다.

입양자 찾기. 우선은 믿을 수 있는 친구나 지인을 중심으로 알아보자.

인터넷이나 포스터를 이용한다
동물병원이나 동물 미용실에도
붙여 달라고 부탁하자.

집에 들일 때의
준비는 36쪽을 참고하자!

보호단체나 자원봉사자를 찾아서
의논해 보는 것도 좋다.

◆ 사실은 구조한 본인이 입양하는 게 가장 좋죠. 반려동물 금지인 집이라도 집주인과 상의하면 해결되는 경우도.

♣ 확실히 크게 울 가능성은 많아요. 하지만 고양이가 우는 것은 인간에 대한 의사 표시예요. 요구를 드러내는 것은 인간과 살 수 있는 가능성을 드러낸다고도 할 수 있어요!

♥ 입양할 때 힘든 일이 있을수록 나중에 좋은 추억이 되는 법이지요.

◆ 지금은 반려동물로 고양이가 인기인 데다 일본에서는 '구조한 고양이'라는 말이 정착되어서인지 길고양이를 보면 일단 구조하자 싶은 마음이 드는 건지도 몰라요.

♥ 그러나, 안이한 마음으로 성묘를 구조하는 것은 위험해요. 지역고양이이거나 새끼를 키우는 고양이일 수도 있으므로 잘 확인해야 하지요.

♣ 인간과 살 수 없는 완전한 야생 고양이도 있기에 바깥에서 사는 것이 불행하다고 단언할 수는 없어요. 건강해 보이는 성묘는 신중히 생각해야 해요.

새끼 고양이를 발견했다면

아직 눈도 뜨지 않은 젖먹이. 만약 구조했다면 참고하세요.

젖먹이라면

만지기 전에 어미 고양이가 있는지 확인한다.
근처에 물어보거나 살짝 떨어진 곳에서 지켜보세요.

어미가 오지 않으면 구조합니다. 체온이 떨어지지 않도록 옷이나 수건으로 감싸서 즉시 병원으로 기본적인 진찰을 한 후 돌보는 방법을 배우세요.

병원이나 펫숍에서 고양이용 분유, 젖병, 주사기 등을 준비한다.

젖병
CUT!
처음에는 작게 상황을 봐 가면서 넓힌다.
주사기

고양이용 분유 포장지에 쓰인 분량대로 분유를 탄다.
사람 체온 정도의 온도로.

MILK

종이상자에도 담요 등을 깔고 페트병 탕파(p53 참조) 등을 넣어, 눈에 보이는 장소에 둔다.

수유 스타일

엎드린 자세에서 턱을 위로 치켜들게 하여 먹인다.

없다면
간이 고양이 우유를 먹인다!

우유 200cc 달걀노른자 1개 설탕 4작은술 ×4

섞어서 한 번 데운 후 사람 체온 정도로 식힌다!

고양이 선배의 조언

◆ 새끼 고양이란 생후 2주 정도까지를 말해요. 눈은 뜨지 않고 귀도 들리지 않고 제대로 걷지 못하는 젖먹이죠.

♥ 절대적인 보호가 필요한 손바닥 크기. 꼬리가 가늘고 귀가 얼굴 옆에 있어요(웃음).

♥ 하지만 그런 아이를 만날 확률은 적어요. 어미가 철저히 보호하고 있으니.

◆ 새끼를 물고 이동하다가 떨어뜨리기도 해요. 나중에 데리러 왔는데 이미 사람이 구조해 버린 후일 수도 있어요.

♣ 까마귀에게 공격받기도 해요.

♥ 설마, 싶겠지만 실제로 있는 일이랍니다.

♣ 일단 그런 아이를 구조했다면 약간 다른 방법이 필요해요.

♥ 몇 시간 간격으로 분유를 먹이고 배변 유도를 해야 하죠. 익숙하지 않으면 힘들어요.

♣ 힘들다기보다 어렵지요. 젖먹이는 약해서 인공 수유로는 잘 자라지 않는 경우도 적지 않아요.

♥ 원래라면 적어도 한 달 정도는 어미가 젖을 먹여 키워야 안심할 수 있어요.

♣ 그래서 새끼 고양이를 발견하더라도 바로 손대지 말고 잠시 지켜보는 것이 중요해요.

고양이 선배 세미나

새끼 고양이의 성장 속도

아직 사지가 약해서
상자 안에서 기어 다닌다.

귀가 위로 쫑긋!

생후 2주 정도면 눈을
뜨고 사지도 발달한다.

돌아다니게 된다.

체중이 300g 정도,
유치가 보인다.

3주령
유치가 자라면 이유식 시작.
시판용이 다양하게 나와 있다.
우선은 분유와 병행하거나 분유를 섞어서 준다.
잘 먹는 방법을 찾아보자.
조금씩 이유식을 늘린다.

MILK FOOD

자력으로 배설을 하게 될 때까지
작은 화장실도 준비하고 처음에는
배변을 유도해 준다.

FOOD

배변 유도

수유 전 매번 실시한다.
따뜻한 물에 적신 티슈나 가제로
꼬리 아랫부분을 부드럽게
통통 두드려 자극을 준다.

대변은 처음에는 잘 보지 못한다.
다만 5일 정도 지나도 나오지 않으면
병원으로.

4-5주령이 되면 이유식에서
건사료로 바꾼다. 조금씩 바꾸자.

새끼 고양이용
이유식

BABY

KARI·KARI
UMA
UMA
FOOD

♥ 어미 고양이가 경계하지 않도록 떨어진 곳에서 몰래 지켜보다가, 어미가 나타나지 않는다면 구조해도 좋아요!

◆ 한밤중에 몇 시간 간격으로 수유하는 건 힘들겠지만, 겨우 2주 정도니까 힘내요. 두 사람이 번갈아가며 하면 좋지요.

♥ 그래도 잘 자라서 눈을 뜨거나 걷기 시작하는 모습을 보면 한없는 애정이 솟아오른다고 하죠.

♣ 생후 3주가 지나면 성장 속도도 빨라요.

♥ 귀가 점점 머리 위로 올라가서 제대로 된 고양이의 모습을 갖춰가는 신비로움(웃음).

◆ 배변 훈련도 그쯤 시작해요. 사람 손을 타는 훈련이 필요 없는 건 편하지요.

♣ 이빨이 나서 이유식이나 건사료를 먹게 되고 두 달이 지나면 어엿한 고양이가 되죠. 눈 깜짝할 사이!

♥ 살아있다는 증거지요!

구조한 고양이에 대하여 (1)

입양에 대하여

보호단체나 보호자의 생각·방침에 따라 다르지만, 일반적으로 많은 경우에 관해 답할게요.

Q5 구조자가 볼 때 이 사람에게 이 고양이는 맞지 않는다거나, 합이 맞지 않다고 느끼면 임보를 거절하는 경우도 있나요?

A5 몸이 약하거나 보살핌이 필요한 고양이는 집을 오래 비우는 사람과는 맞지 않습니다. 이렇듯 성격보다 반려인의 라이프 스타일에 따라 맞고 안 맞음을 판단하여 거절하는 경우는 있습니다. 그 외에도 일반적인 상식에서 벗어난 사람은 어렵다고 판단하기도 합니다. 가장 우선시해야 할 것은 고양이가 잘 지낼 수 있는 환경이니까요.

Q6 입양 후에 여러 사정으로 고양이를 다른 사람에게 입양 보내게 된다면 원 구조자에게 연락해야 하나요?

A6 반드시 연락해 주세요. 입양할 때 '책임지고 끝까지 키우겠다'고 약속했을 것입니다. 사정에 따라 구조자의 도움을 받는 경우도 있습니다(p99 참조).

Q7 구조자에게 '책임비'를 내는 것이 잘 이해되지 않습니다.

A7 구조자 대부분은 자원봉사자입니다. 구조에 드는 시간이나 수고, 치료나 검사 등 처음에 드는 의료비, 입양 보내기까지의 식비 등을 생각하면 무료로 데려온다는 건 생각하기 힘들지 않을까요? 내신 책임비는 구조자가 가지는 것이 아니라 다음 구조 활동에 쓰인답니다.

Q8 입양 후에 구조자가 예고 없이 방문하는 경우도 있나요?

A8 연락이 되지 않거나 좋지 않은 소식을 들었거나 입양자에게 문제가 있어 보일 때는 그럴 수도 있습니다. 약속을 지키는 분에게는 기본적으로 그런 일은 없다고 생각해도 좋습니다.

Q1 입양 모임에서 당장 입양하지 않고 보러만 가도 되나요? 마음에 드는 고양이가 없다면 여러 번 가도 될까요?

A1 당연하지요. '정말로 이 아이와 살고 싶다'는 생각이 드는 고양이를 만나기까지 몇 번이고 와도 좋고, 꼭 입양해야 하는 것도 아니랍니다. 다만 고양이 카페나 동물원 가듯 개인적인 위안이 필요해 방문하는 건 자제해 주세요.

Q2 마음에 드는 아이가 여러 마리인 경우, 한 마리씩 순서대로 임보해 보고 그중에 가장 좋은 아이를 골라도 되나요?

A2 기본적으로는 안 됩니다. 임보는 시식이나 시착과는 달리 입양을 전제로 합니다. 도저히 안 될 때만 단념한다는 마음가짐으로 임해야 해요. 환경이 자꾸만 바뀌는 것은 고양이에게 큰 부담을 줍니다.

Q3 첫 임보에 실패했을 경우, 다른 고양이의 임보를 재시도할 수 있나요? 한 번 임보에 실패하면 요주의 인물이 되나요?

A3 첫 임보를 단념하게 된 원인이나 보호자의 방침에 따라 다르겠지만, 단순히 임보에 실패했다고 해서 요주의 인물로 삼지는 않습니다.

Q4 고양이를 입양하고 싶지만 구조자와 잘 맞지 않습니다. 입양 후에는 관련이 없어지므로 신경 쓰지 않아도 될까요?

A4 구조자와 입양자는 신뢰 관계를 맺는 것이 필수입니다. 입양자가 맞지 않다고 느낀다면 상대방도 그렇게 느끼겠지요. 신뢰할 수 있는 구조자에게 입양하는 것을 추천합니다.

준비에 대하여

구조한 고양이를 입양할지 말지, 어떤 준비를 하면 좋을지 등의 질문에 답합니다.

Q5 임산부가 있는 집도 가능한가요?

A5 톡소플라스마라는 기생충이 임산부에게 좋지 않다는 보도가 있습니다. 고양이가 감염되었을 가능성도 있으니 임신 중이라면 입양을 피하는 것이 좋습니다.

Q6 아기에게 고양이는 좋지 않나요? 환자가 있는 가정은요?

A6 육아도 병수발도 힘든 일입니다. 그 와중에 동물을 새로 입양하는 것은 더욱 힘든 일이지요. 고양이가 힘이 되기도 하겠지만, 고양이도 인간도 부담이 커지므로 추천하지 않습니다.

Q7 일이 바빠서 밤늦도록 집에 없는 사람은요?

A7 몸이 약한 고양이나 몸 상태가 변화하기 쉬운 5개월령 이내의 새끼 고양이는 피하는 것이 좋습니다. 집을 오래 비우는 경우 형제 고양이 등 두 마리를 함께 입양하는 것을 추천합니다. 반려인이 집에 없더라도 자기들끼리 즐겁게 놀겠지요.

Q8 공기 청정기가 필요한가요?

A8 화장실 냄새 등이 신경 쓰일 때는 공기 청정기를 설치하는 것도 좋습니다.

Q9 묘종이나 무늬로 성격에 차이가 있다면 알려 주세요.

A9 일반적으로는 다음과 같습니다. 치즈→다정하고 겁이 없음. 까망이→머리가 좋지만 약간 겁쟁이. 흰둥이→얌전하고 제멋대로. 삼색이→새침한 듯 부끄럼 많음. 까다로움. 고등어→야성미가 강함. 카오스→변덕쟁이. 겉으로는 차갑지만 속은 따뜻함.

Q1 집이 좁아도 괜찮을까요? 어느 정도 넓어야 하나요? 원룸은 어려운가요?

A1 얌전하거나 나이가 많은 고양이는 괜찮지만 어린 고양이는 부족함을 느낄지도 모릅니다. 수직 운동을 할 수 있도록 캣타워를 놓는 게 좋습니다. 세 마리 이상인 경우는 되도록 방 두 개는 있는 편이 바람직합니다.

Q2 반려동물이 금지된 집일 경우 집주인과 협의해서 허락받는 경우도 있나요? 협상이 되나요?

A2 집이나 집주인에 따라서는 협상이 가능할 때도 있습니다. 월세가 늘어나거나 한 달 치 월세를 더 내는 등 금전적인 조건을 붙여 허락하는 집주인도 있습니다. 어느 쪽이든 키우기 전에 협상하고, 안 된다면 반드시 반려동물 동반 입주가 가능한 집으로 이사한 후 입양하세요.

Q3 고양이는 처음이에요. 한 마리만 입양하는 것과 처음부터 두 마리 이상 입양하는 것 어느 쪽이 좋은가요?

A3 반려인의 가족이 몇 명이냐에 따라 달라지지만 처음에는 한 마리로 시작해서 적응이 되면 다음 고양이를 들이는 방식이 좋겠습니다.

Q4 키우던 고양이가 있고 새로 구조한 고양이를 입양한다고 할 때, 잘 지낼 가능성이 높은 성별, 연령차가 있나요?(동성이 좋다든가, 비슷한 나이가 좋다든가)

A4 연령차는 다섯 살 이내가 가장 좋습니다. 그 이상 차이가 나면 형제 고양이 두 마리(또는 나이가 비슷한 고양이 두 마리)를 입양하는 것을 추천합니다. 성별은 서로 다른 경우가 잘 지낸다고 하지만 어디까지나 경향이 그렇다는 것일 뿐입니다.

3장

구조한 고양이와 가족이 되다

구조한 고양이를 입양하려는 사람은 고양이를 좋아하고 고양이와 함께 살고 싶은 분들이 대부분이지요. '지금 키우는 고양이에게 친구를 만들어 주고 싶어.' '아이에게 생명의 소중함을 가르쳐 주고 싶어.' '1인 가구라 같이 살 짝꿍이 필요해.' '우리 부부가 함께 예뻐할 존재가 필요해.' 등의 생각을 지닌 분도 있고, 입양 생각이 없었는데 우연히 만나게 된 분도 있을 것입니다. 어느 쪽이든 결심한 후에 입양하기까지, 고양이와 보내는 즐거운 삶을 떠올리고 그날을 손꼽아 기다렸겠지요.

하지만 막상 고양이를 입양하면 예상과는 달리 실망하거나 당황하는 일이 생길수 있습니다. 물론 처음부터 즐겁고 행복을 실감하는 경우가 훨씬 많지만, 생명체를 상대로 하는 일인 이상 예상대로 진행되지 않을 수도 있습니다. 사람도 만나자마자 곧바로 절친한 친구나 연인이 되지는 않는 것처럼 말이지요.

관계를 형성하기 위해서는 그에 걸맞은 단계가 필요합니다. 하물며 상대는 말이 안 통하는 고양이. '행복해지자' '즐겁게 살자' '소중히 여길게'라는 마음은 무척 멋지지만, 그것은 어디까지나 일방적인 마음입니다.

26쪽에서도 말했듯이 구조한 고양이 중에는 마음을 열기까지 시간이 걸리는 아이도 적지 않습니다. 막상 그 상황이 되면 그런 것을 생각할 여유가 없어진 나머지 인간의 척도로만 판단하거나 모처럼 좋은 만남이 파탄에 이르기도 합니다. 그 사람에게도 고양이에게도 안타까운 일이지요.

이 장에서는 구조한 고양이를 임보할 때 있을 법한 일을 약간 극단적으로 강조한 만화를 소개할 것입니다. 객관적으로 보면 인간이 이것저것 지나치게 생각한 탓이라는 사실을 깨달을 것입니다. 반면, 고양이는 늘 직진이죠. 자기 나름의 방식으로, 상황을 있는 그대로 받아들입니다. 그런 생각에 초점을 맞춰서, 만약 구조한 고양이를 입양하려 생각 중인 분은 참고하셨으면 합니다.

조금씩 거리가 좁혀지는 과정은 딱 한 번뿐인, 둘도 없는 시간. 훗날, 따뜻하고 소중한 보물 같은 추억이 될 테니까요.

예민한 긴조

입양자는 50대 부부.
주로 부인이 원해서
첫 고양이를 입양하게 되었다.

긴조는 한 달쯤
전에 데려다 준
새끼 고양이.

비슷한 처지의 친구가
고양이를 키우기 시작했는데
그 아이가 너무 귀여워서 즐거워
보였기에 나도 키우고 싶어졌어요.
물론 안이한 마음은 아니에요!
본가에서도 강아지를 키웠으니
반려동물과 함께 사는 책임은
안다고 생각해요!

아이들이
독립한 후로는
할 일이 없어
무료하고,
여행이나
동호회도 질려서.

엄마

남편의 동의를
얻어서 친구
소개로 간 입양
모임에서 긴조를
보고 한눈에
반했어요!

이런 아이가
길고양이라니.

긴조

흔히 있는
편견입니다.

61

스태프에게도
이 말을 들었지만
나는 긴조밖에
눈에 들어오지 않았어요.

시간이
걸릴 거예요!

긴조는 생김새가 예쁜 만큼
지금껏 두 번 임보를 갔지만
번번이 되돌아왔어요.
좀처럼 적응을
못 했다고 해요.

무엇보다
사람 아이 둘을
키워냈지요.

본가의 강아지는
진심으로 귀여웠고
친구의 고양이와도
이미 친해졌어요.

저는
자신 있었어요.

긴조가 적응
못 한 건
사람의 애정이
부족해서야.

그렇게
임보 시작.

완벽해.

침대

케이지

장난감

꼭
좋은
엄마가 될게.

긴조,
우리 집에서
행복해지자.

간식!

CAT

덜 덜

긴조, 밥 먹어.

하지만….
임보를 시작한 지 사흘,
밤에 울어대는 것도
그리 심하지 않아서
금세 익숙해지겠거니
했는데.

최소한
밥이라도
먹어야지.

응.

전혀
손을 댈 수가
없어요.
마음을
안 연달까.

….
아직
무서워?

저러다
몸 상할까 봐
걱정돼서….
죄송합니다.

괜찮아요.

실례하겠습니다.

네, 저기 입도 안 대요.
쉬는 하는데
응가는 아직….

후다닥

덜 덜

아.

63

까악!

깜짝!

팍

긴조~

달리아 씨가 밥을 손바닥에 올려 줬었지!

하지만 다음 날도 먹지 않았다.

맞다!

미, 미안해….

펫숍에 가면 더 성격 좋은 아이가 있지 않을까?

어떻게 그래….

무리하지 말고 돌려보내는 건 어때?

심기를 건드린 걸까…. 나는 안 되는 걸까….

그럴지도 모른다.
억지를 부리고 있는 건지도.

....

엄마가 이렇게
안절부절못하면
본말전도잖아.
도 닦는 것도 아니고.

달리아 씨에게
사과하고 임보를
그만두자.
그 편이 긴조를
위해서도 좋을 거야,
분명!

그렇게 결심하니
마음이 가벼워져서
그날 밤은 오랜만에
느긋하게 목욕물에
몸을 담글 수
있었어요!

왠지 몰라도 무척 감동했어요.
제가 마련한 화장실에
배설해 준 것이
나를 받아들여 준 것 같은
기분이어서.

응가를 했구나!
긴조!

응?

후~

내…
냄새.

다소곳

아!

고양이를 입양하고 싶은 마음이 들면, 일단은 고양이의 귀여운 모습과 함께 보내는 즐거운 시간 같은 것을 두근거리는 마음으로 상상할 것입니다. A씨도 마찬가지였습니다. 애정을 가득 담아 긴조를 맞이할 준비를 한 것은 분명합니다. 하지만 생각대로 되지는 않았지요.

고양이의 성격은 다양합니다. 품종에 따른 특징도 있고, 잡종이라면 저마다 개성이 뚜렷해서 과연 같은 종인지 의아할 정도입니다. 구조한 고양이 중에는 사람에게 강한 경계심을 보이거나, 심지어 사람을 믿지 못하는 아이도 적지 않습니다. 구조자는 고양이의 곁을 지키면서 마음의 상처가 치유되고 사람에게 익숙해질 무렵 입양자를 찾기 시작하는데, 장소나 사람이 바뀌면 일시적으로 완전히 딴판이 되기도 합니다. A씨는 본인이 미움받을까 봐 걱정했지만 그런 일은 없습니다. 그보다 긴조는 그럴 상황이 아니었을 것입니다.

맨 처음 밤에 울곤 할 때와 마찬가지로 그 고양이 나름대로 각오를 다지는 방법이 있습니다. 시간도 익숙해지는 방법도 고양이에 따라 다릅니다. 가족이 된다면 그것을 존중해 주면 좋겠지요.

긴조도 자신의 속도대로 현 상황을 받아들이고 있었습니다. 상황을 살피면서, 천천히. '응가'를 한 것은 그 과정 중 하나였을 것입니다. 사람은 눈치채지 못했지만, A씨 댁의 환경에 서서히 익숙해졌던 것입니다. A씨도 그것을 깨닫고 감동하여 임보를 취소하려던 마음을 되돌렸습니다. 하루라도 타이밍을 놓쳤다면 긴조는 달리아 씨에게 돌려보내졌을지도 모릅니다.

자신이 여기에 있어도 된다고 이해하는 시간에는 고양이마다 차이가 있습니다. 대개는 일주일 정도지만, 간혹 1년이 걸리는 아이도 있습니다. 하지만 고양이의 신기한 점은 그래도 좋다고 생각하게 만든다는 데 있지요. 1년 후에는 곁에 잠들어 있을지도 모릅니다.

케이지에 적응하기

구조한 고양이와 친해지려면

친해지려 할 때의 마음가짐은 고양이 관점에서.

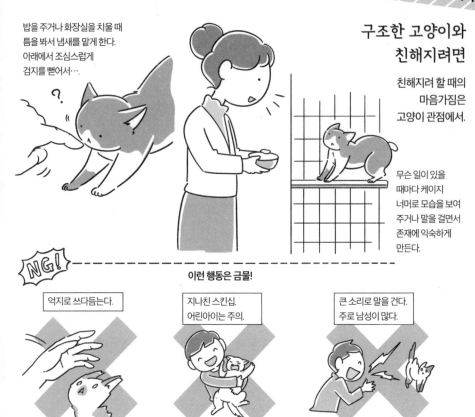

밥을 주거나 화장실을 치울 때 틈을 봐서 냄새를 맡게 한다. 아래에서 조심스럽게 검지를 뻗어서….

무슨 일이 있을 때마다 케이지 너머로 모습을 보여 주거나 말을 걸면서 존재에 익숙하게 만든다.

NG!

이런 행동은 금물!

억지로 쓰다듬는다.

지나친 스킨십. 어린아이는 주의.

큰 소리로 말을 건다. 주로 남성이 많다.

고양이 선배의 조언

◆ 고양이와 친해지는 비결은 오로지 수동적인 자세를 관철하는 것(웃음).

♥ 하지만 밥이나 화장실 등의 수발은 적극적으로(웃음).

◆ 빨리 친해지고 싶은 마음은 알겠지만 서두르지 마세요.

♣ 그 고양이 나름의 속도가 있으니까요.

♥ 처음부터 묘하게 사람에게 친근하게 구는 고양이도 있지만요.

♣ 먼저 다가가면 도망치지만, 그쪽(고양이)에서 왔을 때는 예뻐해 줘야 해요. 철저히 고양이 우선으로.

♥ 좋아하는 고양이 낚싯대는 몇 개 준비해 두면 좋죠. 옆에 오게 하고 싶을 때 편리해요.

♣ 놀이에 빠져서 자기도 모르는 사이에 스킨십을 반복하는 동안 친해지기도 해요.

◆ 대개는 2, 3주가 지나면 가족이라고 인식하게 돼요.

♥ 익숙해지더라도 일정 거리를 두는 아이도 있어요. 1미터 이상 가까이 오면 도망친다든가, 쓰다듬는 건 괜찮지만 안는 건 허락하지 않는다든가.

긴 고양이 낚싯대를 흔들어서
다리 위를 통과시킨다.
어느새 스킨십.

담요를 이용해서 발인 줄
모른 채 거리를 좁힌다.

액상 간식을 손으로 줘 본다.
처음에는 멀리서
조금씩 가까이.

같은 페이스로 조심스럽게 쓰다듬는다.
위에서부터 만지지 않도록 한다.
턱 아래쪽에서부터.

병원에서는 적극적으로
쓰다듬거나 말을 건다.
(가족=같은 편이라고
인식할지도)

"안 무서워해도 돼."
억지로 안거나
쫓아가지 않는다.

◆ 거리감이 있는 고양이가 가장 살뜰히 보살펴 주던 가족(따님)이 이틀 정도 집을 비우자 토하거나 설사를 하는 통에
　힘들었다는 사례도 있어요. 다른 가족도 집에 있었는데 말이죠. 그 댁 따님은 '내가 필요했구나' 하며 감동했다고
　해요.(웃음)

♥ 냄새를 인식시키는 것이 가장 먼저라고 합니다.

◆ 그래요. 그러므로 처음에는 온갖 장면에서 냄새를 맡게 해 주세요.

♥ 역시 수동적인 자세가 중요해요. 처음에는.

♣ 고양이는 자기 나름의 절충 지점이 있는 법이죠. 냄새를 기억하고, 목소리나 소리에 익숙해지고 이곳이 자신이 있을
　곳이며 이 사람이 자신에게 밥을 주는 사람이라고 인식하기까지, 즉 이곳에서는 마음을 놓아도 된다고 생각하기까지
　기다리는 수밖에 없어요. 얼마가 걸릴지는 고양이마다 달라요.

◆ 새침데기가 1년 후 엄청난 애교쟁이가 되는 일은 흔해요.

구조한 고양이에 대하여 (2)

건강에 대하여

병이나 예방 등 의료 면이나 일상적인 돌봄에 관해 답합니다.

Q5 고양이 면역 결핍 바이러스(FIV)도, 백혈병도 음성이라고 했는데 나중에 검사했더니 FIV 양성으로 판명되었습니다. 검사가 틀렸던 걸까요?

A5 다른 고양이와 마지막으로 접촉한 후 백혈병 바이러스는 1개월 후, 고양이 면역 결핍 바이러스는 2개월 후 재검사받기를 추천합니다. 체내에 바이러스가 침투한 후 번식하기까지 시간이 필요하므로 여러 번 혈액 검사를 한 후에 감염 여부를 확인합니다.

Q7 2개월령 정도의 새끼 고양이를 데려왔습니다. 변 검사가 끝났다고 들었는데 다시 병원에 데려가니 회충 알이 발견되었습니다. 제대로 진료해 주지 않은 걸까요?

A7 뱃속 기생충에도 암컷과 수컷이 있어서 알을 낳기까지 3개월 정도 걸리기도 합니다. 바깥에 있던 고양이는 여러 번 변을 검사하고, 먼저 키우던 고양이가 걱정된다면 검사 결과 기생충이 없어도 구충제를 먹이세요.

Q8 백신이 실은 건강에 좋지 않다는 이야기를 들었습니다. 맞지 않는 편이 좋을까요?

A8 동물 백신 접종이 의무는 아니지만 1년에 한 번 맞히길 장려합니다. 다만 부작용이나 접종 후 이상 반응을 보이기도 하므로 적극적으로 추천하지 않는 수의사도 있습니다. 장점도 단점도 모두 감안해서, 구조한 첫해에는 접종하고 그 후에는 라이프 스타일에 따라 결정하세요. 외출 등으로 다른 고양이와의 접촉이 있거나, 반려인이 다른 고양이와 접촉할 기회가 많다면 매년 접종하기를 추천합니다.

Q1 병원에 데려가는 게 좋다는 신호 중 대표적인 것은?

A1 식욕이 없다, 힘이 없다, 살이 빠진다, 소변을 잘 못본다(화장실에 자주 간다), 설사, 대변이 잘 안 나온다(화장실에 오래 있다), 반복적인 구토, 살갗을 세게 긁거나, 계속 핥거나, 가려워하거나, 물을 많이 마시거나, 몸에 혹이 있거나, 사소한 것이라도 평소와 다르다면 병원으로.

Q2 새끼 고양이를 구조했는데 벼룩투성이라면 시판하는 벼룩약 등을 먹여도 되나요?

A2 시판하는 벼룩약은 대체로 지속적인 효과를 기대할 수 없으므로 동물병원에서 처방받기를 추천합니다. 벼룩 예방 효과가 있거나 구제·구충 외에 심장사상충을 예방하는 등 단 한 번 투약으로 많은 효과를 얻을 수 있는 약이 있습니다.

Q3 좋은 수의사를 판별하는 방법은?

A3 입소문도 도움이 되지만 서로 잘 맞는지도 중요합니다. 소박한 의문이나 질문에 제대로 대답해 주는지로 판단하면 좋겠지요.

Q4 중성화 수술을 해 주고 싶지 않아요. 자연스러운 몸으로 살게 내버려 두고, 언젠가 새끼 낳는 걸 보고 싶어요.

A4 중성화 수술을 하지 않으면 발정기에 심한 울음소리, 수컷은 스프레이 등으로 골머리를 썩이기도 합니다. 암컷은 자궁 질환이나 유방암 등의 질병에 걸릴 위험도 커집니다. 자연 번식시킬 여유가 있다면 가족을 찾는 구조 고양이를 입양하는 데 쓰는 게 어떨까요?

생활에 관하여

구조한 고양이와의 평소 생활에 관련한 궁금증과 질문에 답합니다.

Q5 고양이 한 마리는 며칠 정도까지 집에서 혼자 지낼 수 있나요? 혼자 둘 때의 비결은 뭔가요?

A5 고양이에 따라 다르지만 일반적으로 건사료와 물을 두었을 때 이틀 정도가 일반적입니다. 다만 집을 비우는 사이 고양이에게 익숙한 사람에게 살펴봐 달라고 부탁하는 것이 가장 좋습니다. 미리 몇 시간 돌봐 달라고 부탁하는 방법으로 믿을 수 있는 사람을 찾아 두면 좋겠지요.

Q6 다다미가 깔린 방에는 고양이를 두지 않는 게 좋나요? 집을 망가뜨리지 않게 훈련할 수 있나요?

A6 고양이를 훈련시키기는 어렵습니다. 고양이에 따라 다다미나 벽에 흥미를 보이지 않는 아이도 있지만, 대개 스크래처가 되기 마련이지요. 시판 스크래처를 놓아 주면 나아지기도 합니다. 망가지면 안 되는 물건은 가능한 한 고양이와 함께 두지 않는 것이 좋습니다. 꼭 인테리어가 걱정된다면, 햄스터나 금붕어 등 돌아다니지 않는 다른 반려동물을 추천합니다.

Q7 밥은 하루에 몇 번 주면 되나요? 낮에 없을 때나 밤에 늦어질 때는 어떻게 하죠?

A7 나이나 체중, 체질에 따라 하루에 필요한 사료의 양이 달라지므로 그 범위 안에서 고양이가 선호하는 횟수에 맞추는 게 좋습니다. 일반적으로는 하루 두 번이지만 조금씩 자주 먹는 아이도 있으므로 자율 급식도 좋습니다(하루에 한 번은 바꿔 줍니다). 부재 시간이 길다면 정해진 시간에 자동으로 급여하는 자동 급식기 등을 활용해도 좋습니다.

Q1 생후 1개월 미만인 고양이를 목욕시켜도 괜찮나요?

A1 원래 고양이를 목욕시킬 필요는 없지만 구조 직후, 특히 더러워진 경우에는 몸 상태를 살피면서 씻길 수 있습니다. 드라이어를 싫어하는 아이가 많으므로 수건으로 잘 닦은 후 따뜻한 방에서 자연 건조하기를 추천합니다. 병원에서 목욕시켜 주기도 합니다.

Q2 한겨울, 추울 때는 어떻게 해야 하나요? 한여름, 더울 때요.

A2 추위를 느낄 때 파고들 수 있는 따뜻한 소재의 천, 화상을 입지 않도록 배려한 물주머니 등을 준비합니다. 페트병으로 만든 탕파(p53 참조)도 좋습니다. 여러 개 준비해서 그 고양이의 취향에 맞는 것을 찾으세요. 여름에는 더위를 먹지 않도록 살펴야 합니다. 집을 비울 때도 에어컨을 켜는 등 온도 관리를 하세요. 편리한 더위 대책 용품도 활용하세요!

Q3 고양이의 대소변 냄새가 심하다는데 방이나 옷에 냄새가 배지는 않나요? 탈취 대책은 필요한가요?

A3 배설 후에는 가능한 한 빨리 치웁니다. 탈취 기능이 있는 화장실 모래를 사용하는 것도 좋습니다. 일반적으로는 방이나 옷에서 냄새가 날 정도는 아닙니다. 냄새는 무엇을 먹느냐에 따라서도 달라지므로 악취가 심하다면 사료를 바꾸거나 영양제 등을 먹일 수도 있습니다.

Q4 부엌에서는 어떤 것에 주의해야 하나요?

A4 칼이나 포크, 젓가락 등 고양이에게 위험한 것은 물론 떨어뜨리면 깨지는 것은 안에 넣어서 보관하세요. '먹고 남은 음식 등을 방치하지 않기'는 반드시 지켜야 할 사항입니다.

5
줄리와 마메

새끼 고양이용 사료와 작은 화장실도!

새끼 고양이용

들은 대로 거실 안에 케이지를 준비하고 그날을 맞이했다.

마메는 구조한 고양이지만 집에서 태어나 자랐기에 사람에게 익숙해서 얌전한 줄리와도 합이 잘 맞지 않을까 싶어 마음이 놓였다.

만족스

우와우와.

조그마하네~

와~

안녕하세요!

아! 왔다.

딩동~

잘 부탁드립니다~

어쩔 수 없지.

2, 3일은 안에서 울지도 모른다고 했었어.

그럼 무슨 일이 있으면 연락 주세요, 동영상이라도.

네~

동영상 고마워요!

순조롭네요.

마메가 밤에 우는 것도 사흘이 지나자 안정되었고, 밥도 먹고 배설도 제대로 하며 집에 익숙해진 모습이었다.

냥

우냥

마메가 원인인 건 확실합니다.

한편 줄리의 증상은 하루가 갈수록 악화.

두려움

구토

밥을 안 먹음.

설사

마메를 다시 돌려보내야 할까요?

줄리가 불쌍해. 마메 바보!

아이는 솔직하다….

우아아아아앙!

으으으으으ㅜ

엄마! 아빠! 줄리 얼굴이…!

얌전하고 화내는 일이 거의 없던 줄리의 변화에 당황했다.

우에에엥~

갸아아아아앙

키우던 고양이의 마음을 이해하고 싶어

　키우던 고양이가 있는 경우 입양은 배려가 필요합니다. 특히 그때까지 혼자서 귀여움을 독차지한 고양이라면 신참 고양이를 위협적인 존재로 느껴 크게 동요하는 아이도 있습니다. 토하거나 설사하기도 하고, 안절부절못하거나 화를 내거나 태도가 달라지는 등 다양한 신호를 보입니다. 일시적일지, 장기적으로 이어질지는 키우던 고양이의 성격에 따라서도 달라집니다. 하지만 먼저 키우던 고양이가 초췌해진 모습에 반려인의 마음은 미어집니다.

이 단계에서 임보를 중지하거나 입양을 단념하는 경우는 드물지 않습니다. 다만 이 또한 통과의례입니다. 시간이 흐름에 따라 함께 키우던 고양이의 마음과 태도도 변해가는 법입니다.

중요한 것은 새 고양이 때문에 밥이 줄거나 영역이 좁아지거나 반려인의 애정이 줄어들지 않는다는 걸 원래 있던 고양이가 이해하는 것. 인간과 달리 말로 설명할 수 없으므로 반려인이 하나하나 태도로 보여주는 수밖에 없습니다. 금세 이해하는 아이도 있는가 하면, 일일이 확인하면서 천천히 받아들이는 아이도 있습니다. 키우던 고양이가 펫숍이나 브리더, 자가 번식 등으로 태어나 경쟁을 경험하지 않았다면 다소 시간이 걸리기도 하지만 대개는 2주 정도 지나면 새로운 고양이의 존재를 인정하게 됩니다. 걱정되는 마음은 알겠지만, 우선은 2주 동안 지금껏 쏟아온 애정을 믿고 키우던 고양이에게 맡겨 보세요.

하지만 새로운 고양이의 존재를 인정했다고 해도 금세 친해진다고는 할 수 없습니다. 우선은 같은 집에 있는 것이 당연해진 후에, 서로 어떤 관계가 될지는 고양이들 간의 문제입니다. 반려인이 불안해하면 고양이들에게 고스란히 전달됩니다. 무리해서라도 의연한 태도를 유지하며 지켜보세요.

달리아 씨에게 묻기도 하고 인터넷에서 찾아봐도, 키우던 고양이는 처음에는 대체로 이렇다고 합니다.

순조롭게 익숙해져 가는 마메와는 달리, 줄리는 점점 초췌해졌습니다.

B씨 댁

으음….

어디 가니, 줄리?

줄리에게 나쁜 짓을 하는 거 아닐까.

영차

하지만 이런 줄리의 모습을 직접 보면 사람 마음도 흔들리는 법입니다.

….

벽

아들에게 생명을 쉽게 들이고 쉽게 내보내는 모습을 보이고 싶지 않았습니다.

줄리, 힘내.

하지만….

마메를 포기할까…. 몇 번이고 부부끼리 대화를 나눴습니다.

고양이들의
다채로운 관계성

　신참 고양이는 케이지 생활을 거쳐 조금씩 새로운 집에 익숙해지고 이곳에서 살아갈 각오가 생길 무렵, 원래 있던 고양이를 겨우 의식하게 됩니다. 구조 단체나 자원봉사자 집에서 온 고양이는 대체로 다묘 생활에 익숙해져 있으므로 선배(키우던 고양이)의 존재는 자연히 받아들입니다. 새끼 고양이 등은 반가워서 곧잘 다가가지만, 원래 있던 고양이가 전전긍긍하거나 질색하는 패턴이 많습니다.

신참이 원래 있던 고양이를 따라다니거나, 원래 있던 고양이가 신참을 괴롭히거나… 반려인의 눈에는 안 좋게 비치는 광경일지라도 고양이들에게는 거리를 가늠하기 위한 게임일 수 있습니다. 관계성을 구축하는 과정에는 고양이들 나름의 규칙이 있습니다.

다만, 체형이나 힘에 너무 큰 차이가 난다면 배려가 필요하겠지요. 어느 한쪽이 도망치는 걸 일방적으로 따라다닌다면 조심스레 떼어놓아 주세요. 이때 혼내는 것은 금물입니다. 끈질기게 떼어놓다 보면, 하면 안 된다는 사실을 깨닫게 됩니다. 옆 페이지의 줄리와 마메처럼 명백히 체형 차이가 나더라도 서로 대등하게 대한다면 괜찮습니다.

하지만 나이 차가 다섯 살 이상일 때, 특히 한쪽이 새끼라면 더욱 주의해야 합니다. 원래 있던 고양이가 직접 상대하면 좋겠지만, 자신의 페이스가 무너져서 스트레스를 느낄 수도 있습니다. 그런 경우 형제나 새끼 고양이 두 마리를 입양하기를 추천합니다. 놀 때는 신참끼리, 쉴 때는 원래 있던 고양이와. 이렇게 나누어 생활할 수도 있으니까요.

반려인은 아무래도 친해졌으면 하고 바라는 법입니다. 서로 장난치거나 몸을 둥글게 말고 기대어 잠든 광경을 보는 것은 흐뭇한 일이지요. 하지만 일정한 거리가 있다 해도 서로 존재를 허락하고, 인정하고, 같은 공간과 시간을 공유하는 것만으로도 충분히 행복한 것 아닐까요?

케이지에 있을 때

원래 있던 고양이와 신참, 친해지기 대작전

반려인이 고양이들보다 동요하지 않는 것이 중요하다.

사람과 마찬가지로 케이지 너머로 기색을 느끼게 하거나 말을 걸어서 존재에 익숙해지도록 한다.

케이지 너머로 낚싯대를 왔다갔다 한다.

케이지 너머로 같은 간식을 번갈아 준다. (키우던 고양이에게 먼저)

새로 온 아이를 너무 예뻐하지 않는다.

각각의 잠자리에 서로의 냄새가 나는 물건을 둔다.

고양이 선배의 조언

◆ 키우던 고양이가 초췌해지면 반려인의 마음이 약해지는 경우가 많아요!

♣ 한 마리만 살았던 시간이 긴 경우에는 특히.

♥ 한 번 경험하면 괜찮지만…. 처음에는 역시 고민이 되죠. 키우던 고양이를 괴롭히는 게 아닐까 하고.

◆ 맞아요! 넘겨짚어서 속단하게 돼요. 조금만 더 기다리면 밝은 미래가 기다리는 데도요(웃음).

♥ 하지만 키우던 고양이 입장에서 보면 확실히 힘든 일이지요. 세상이 바뀐달까, 생활이 바뀌는 일이니까요.

◆ 신입도 마찬가지겠지만 새끼는 확실히 순응이 빠르지요.

♣ 한 마리에서 두 마리가 되는 건 힘든 일. 시간이 걸리는 건 각오하세요.

◆ 누가 오든 너에 대한 사랑은 변함없는 법이라고, 차근차근 알려 주세요. 그리고 그때까지 쏟아부은 애정을 믿고 기다리세요.

♥ 제2단계로, 줄리처럼 캐릭터가 변하는 경우도 있어요.

♣ 캐릭터가 변한다기보다는 원래 있던 성격이 신참에 의해 발현되었달까, 자각했달까(웃음).

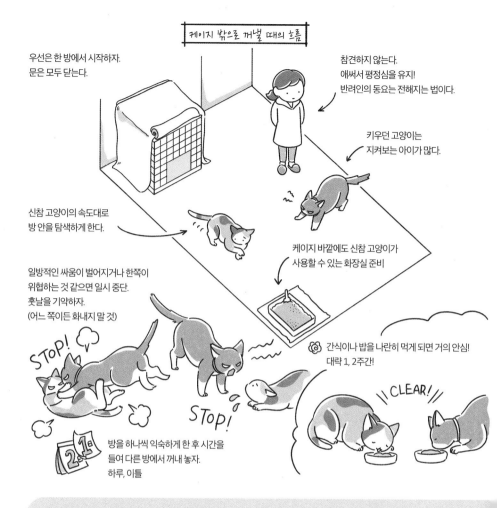

케이지 밖으로 꺼낼 때의 흐름

우선은 한 방에서 시작하자.
문은 모두 닫는다.

참견하지 않는다.
애써서 평정심을 유지!
반려인의 동요는 전해지는 법이다.

키우던 고양이는
지켜보는 아이가 많다.

신참 고양이의 속도대로
방 안을 탐색하게 한다.

케이지 바깥에도 신참 고양이가
사용할 수 있는 화장실 준비

일방적인 싸움이 벌어지거나 한쪽이
위협하는 것 같으면 일시 중단.
훗날을 기약하자.
(어느 쪽이든 화내지 말 것)

STOP!

STOP!

간식이나 밥을 나란히 먹게 되면 거의 안심!
대략 1, 2주간!

CLEAR!

방을 하나씩 익숙하게 한 후 시간을
들여 다른 방에서 꺼내 놓자.
하루, 이틀

◆ 공주님이라고 생각했는데 아니었다! 든가. 새로운 면이 보이죠.

♥ 게다가 다묘의 재미!

♣ 곧잘, 잘 지내는 조합 등이 있지만 결국 개묘 차가 있으니…. 고양이에게는 방정식도 공식도 없고.

◆ 그 대신 상상 이상의 화학 반응이 있어서 그것이 정말 두근거리죠!

♣ 인간과의 관계도 그렇지만 고양이끼리의 관계도 하루하루 달라지므로 그 과정도 즐기기 바라요. 나중에 분명 보물
   같은 추억이 될 테니.

♥ 고양이들은 고양이들 나름대로 애쓰고 있으니까요. 받아들일 수밖에 없으니. 그렇게 생각하면 인간이 동요하면 안
   된다고 생각하게 되었어요.

◆ 인간의 잣대를 들이대고는 멋대로 이야기를 만들기 쉽지만, 마음을 다잡고 어떤 단계부터 고양이들에게 맡겨 보는
   것도 좋아요!

수의사 후루야마 노리코 선생님이 직접 전하는!

친해지는 간식 레시피

키우던 고양이&신입 고양이가 활발해지고
긴장감은 누그러뜨리는 맛있는 간식!

건강 너겟
~어느새 거리가 가까워지는 마법의 간식

재료
닭가슴살:150g(약 3개)
연골:50g
다진 데친 채소:50g(당근, 단호박, 브로콜리, 양배추 등)
밀가루:1큰술
올리브유:적당량

1 닭가슴살과 연골을 다진다.
푸드프로세서가 없다면 칼로 다진다.

2 ①과 데친 채소 다진 것을
볼에 넣고 섞는다.

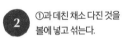

3 프라이팬에 올리브유를 두르고
②를 작고 동그란 모양으로 굽는다.
중불로 몇 분, 노릇해지면 뒤집어서
마찬가지로 구우면 완성.

처음에는 1~1.5미터 정도 떨어진 곳에, 작게 잘라서 다
먹을 무렵에 그릇을 가까이 당긴다…. 이것을 반복하면
다 먹을 무렵에는 친해지는 간식 타임!

1~1.5m

고양이가 먹어서는 안 되는 식재료
파류, 날갑각류, 오징어, 문어, 전복, 소라, 오분자기의 내장, 포도, 건포도, 초콜릿, 익힌 고기의 뼈(연골은 OK), 날달걀 흰자, 부추,
아보카도, 카페인이 들어간 차, 자일리톨 ※ 비뇨기가 걱정되는 아이는 파래김, 말린 멸치에 주의하자.

생선 육수 젤리
~시원하게 먹는 영양 만점 간식

재료
콜라겐이 많은 생선, 부위(도미 머리,
방어 아가미, 가자미, 고등어 등) 적당량
데친 채소 다진 것:50g

1 생선은 불필요한 지방을 빼기 위해
한 번 데쳐서 거른다.

2 ①이 잠길 정도의 물을 넣고 끓인 후
익으면 살만 꺼내 둔다.
살점만 넣자!

pick up!

3 뼈와 껍질은 수분이 1/3로 줄어들
때까지 20~30분 정도 바짝 졸인다.

20~30분

4 데친 채소와 ③의 육수, ②에서 바른
살점을 실리콘 컵 등에 적당량 넣어 식힌다.

5 냉장고에 넣고 굳힌다.(3~5시간)
숟가락 등으로 한입 크기로 준다.

3~4주령의 아기 고양이 이유식
처음에는 분유와 함께 조금씩 주세요.

재료
닭다리살(살코기):120g
닭연골:1개
단호박:2cm 깍뚝썰기
양배추:1/3장
반숙 달걀노른자: 반 개
올리브유:1작은술

1 닭고기, 연골은 다져서 소쿠리 등에
넣어 살짝 데친다. 데친 물은 남겨 둔다.

2 단호박, 양배추는 말랑하게 데친다.
단호박은 포크로 짓이기고 양배추는 다진다.

3 앞의 재료에 반숙 달걀노른자를 섞어서
그릇에 담고 올리브유를 뿌린다.
닭 삶은 물을 적당량 끼얹으면 완성.

6

아내의 눈물

고마오
@스즈키네

20
일째

일에 집중하다가
고양이 밥 주는 걸
잊어버리는 짓…을
한 달에 한 번 정도
저지른다.

미안~~!
샤루,
고마!

우와,
큰일이다!

….

….

스즈키는
일 하는 중.

타닥타닥

사료 통 ➡

늦은 거
엄마한테는
비밀이야.

미안해~

냠냠

아드득 아드득

두리번거리~.

풋

똑같아….

….

…나 먼저
씻을게.

…
다녀왔어.

돌아
왔다.

찰칵

아내는
오늘
입양자
연락을
받고
나갔다.

더
하라옹~

그러니
무슨 일이
생기면
금방
알 수 있다.

아내는 일에 대한
불평이나 다른 사람
험담을 거의 하지
않는다.

큰일이다….
집에 와서 곧바로
씻는 건 힘든 일이
있었단 얘긴데.

쾅!

….

인간의 다정함을
아무렇지 않게
짓밟는 행위….
그런 절대적인 악은
물론이지만, 그렇지
않은 문제도 있다.

학대, 돈벌이….

나도 적지 않게
경험했다.

구조 활동 같은
자원봉사 활동에
관여하면, 보고
싶지 않은 것이나
겪고 싶지 않은 일에
직면할 때가 있다.

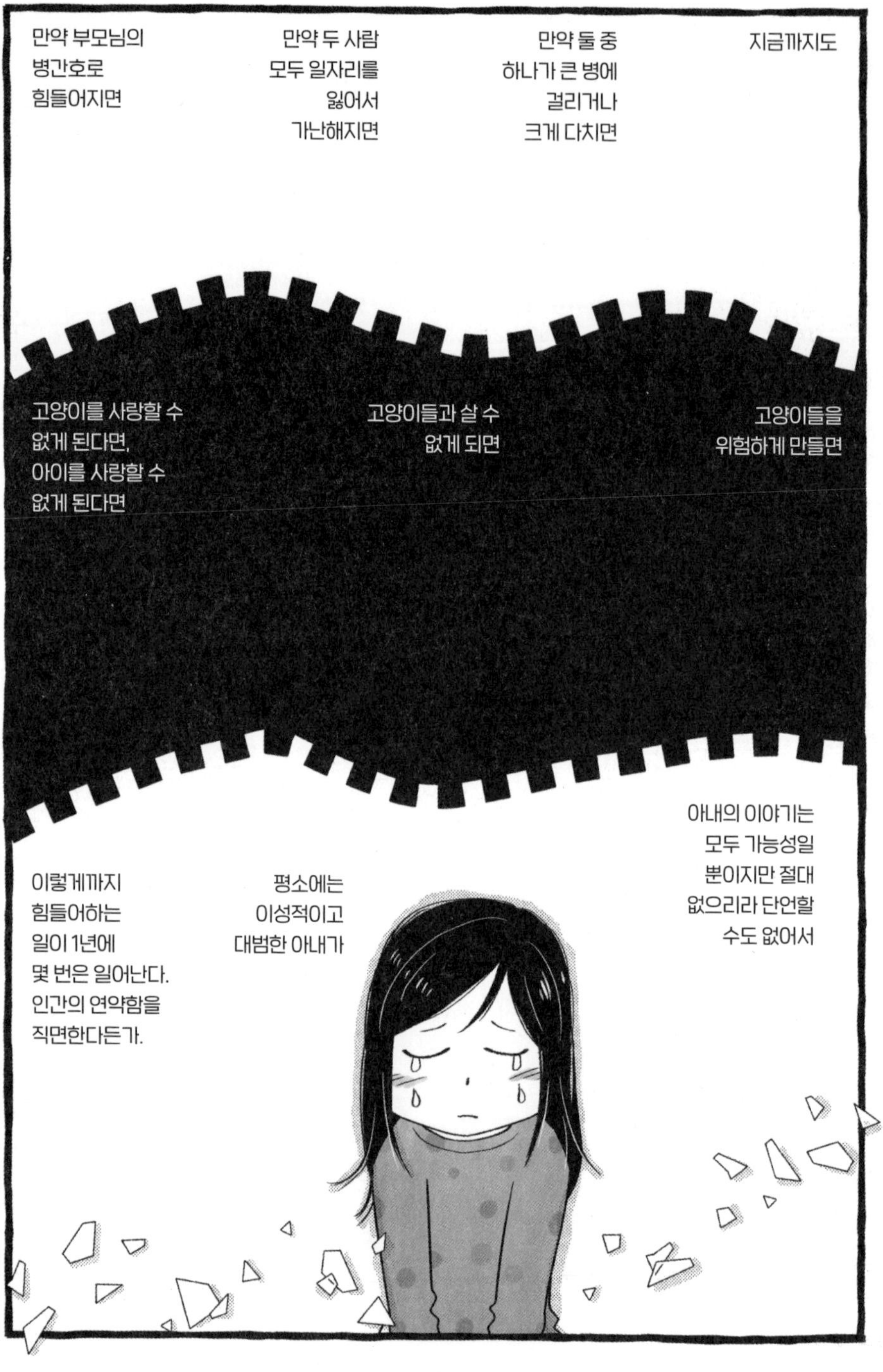

만약 부모님의
병간호로
힘들어지면

만약 두 사람
모두 일자리를
잃어서
가난해지면

만약 둘 중
하나가 큰 병에
걸리거나
크게 다치면

지금까지도

고양이를 사랑할 수
없게 된다면,
아이를 사랑할 수
없게 된다면

고양이들과 살 수
없게 되면

고양이들을
위험하게 만들면

이렇게까지
힘들어하는
일이 1년에
몇 번은 일어난다.
인간의 연약함을
직면한다든가.

평소에는
이성적이고
대범한 아내가

아내의 이야기는
모두 가능성일
뿐이지만 절대
없으리라 단언할
수도 없어서

무엇을 존중하는가,
얼마나 진지하게
마주보는가.

중요한 일은 깊이
고민하는 것이리라.

실은 아내도
알고 있다.

실제로는 '절대'라는
것은 없다. 아내가 말한
극단적인 일이 일어날
가능성이 없다고
단언할 수는 없다.

그 마음이 조금이라도
아내에게
전해지면 좋겠다.

나는 아픈 모스케를
돌보면서
그것을 배웠다.

결국
이기는 건
언제나
고양이
들이지.

고양이는
치사해….

새근새근….

아~ 행복해~

응?

….
그러니,

조심….

골골골골

만약 기울 수 없게 됐다면

　고양이가 생애를 마칠 때까지 책임지고 키우겠다는 내용은 대부분 입양 조건 항목에 들어 있지요. 애초에 그런 조건이 없더라도 당연한 일이지요.

하지만 도저히 그것이 불가능한 상황도 생기기 마련입니다. 반려인의 부상, 입원, 사망, 인지적인 문제, 도산·파산, 빈곤 등 경제적인 문제도 있습니다. 결혼이나 출산, 혹은 이혼, 병간호 같은 생활의 변화가 원인인 경우도. 환경이 변함에 따라 고양이에 대한 애정이 얕아지는 것이 아예 없는 일은 아닙니다. 인간이란 약한 존재입니다. 그러므로 당연한 듯 보이는 '끝까지 책임지겠다'는 약속이 필수 조건 중 하나로 꼽히는 것입니다. 어떤 이유든 가여운 것은 고양이입니다. 키우지 못하게 되었다고 바깥으로 내쫓거나 보호소나 동물보호센터로 보내는 것은 섣부른 짓이고 너무도 비도덕적인 일입니다.

한때라도 같은 공간에서 같은 시간을 공유한 생명을 소중히 다뤄 주세요. 우선은 보호자가 단체에 상담합니다. 거절당하면 다른 단체에 상담해 보는 것도 좋습니다. 고양이 구조 카페나 쉼터 등 다른 지역까지 범위를 넓혀 상담해 보세요. 위탁 비용은 유료지만 죽을 때까지 보살펴 주는 NPO 단체 등도 있습니다.

지인이나 친구에게 맡기는 게 가능하다면, 구두 약속이 아니라 '신탁 계약' 등을 교환하고 금전적인 과제도 명확히 해 두면 안심할 수 있습니다.

아무리 애정과 책임감이 있어도 앞날은 알 수 없습니다. 도저히 키울 수 없을 때를 위해 대비하는 것도 애정입니다. 다양한 일을 극복하고 겨우 반려인과의 따뜻한 삶을 얻은 고양이. 예전처럼 굶주림과 추위, 위험이 도사리는 환경으로 되돌리는 것만큼은 꼭 막아야겠지요. 그러기 위한 모든 준비는 소중합니다.

임보 중지

고마오
@스즈키네

1
개월 경과

고, 고마오,
이와고 미츠아키씨
방송 보고 있어….

오호,
이쪽으로
오고
있네요.

….

고마 방석

나는 내
나름대로.

헛

샤루와
고마오는
일정한
거리를
훌륭히
유지 중.

아내는….

그거, 다시
한 번 방문하는
게 좋을 거야!

더욱 친근감이
끓어올랐다.

생전의 모스케가
좋아했던
TV프로그램을
넋 놓고 보는
고마오에게
감동.

귀여워~

아아아
~♥

냐오옹   냐옹

쿨
ᄌ

샤루는
TV를 보지 않는다.

고마워~
포즈
취해줘서.

아니야, 원래 약간 걱정되는 사람이었어.

피곤한 거 아니야?

나

옹

입양자 분 첫날부터 두 시간마다 빠짐없이 인스타에 올렸었는데 오늘은 한 번도 안 올렸대.

새로 온 자원봉사자가 담당한 임보 말인데.

다나카 씨.

본업, 학생

고양이를 정말 좋아하는 사람입니다. 시골 본가에는 이미 고양이가 일고여덟 마리 있어요.

인플루언서가 될 거야!

C입니다~~. 잡화점에서 아르바이트하면서 액세서리나 인테리어 정보를 블로그와 인스타에 올리고 있어요.

C 씨 20대, 독신, 혼자 사는 중. 수, 4개월(우) 가정집 마당에서 몇 번인가 목격, 상담을 받아 구조.

하지만 담당자가 엄격해서 꽤 어려운 느낌이라….

수

역시 고양이가 없는 생활은 너무 쓸쓸해서…. 달리아 씨의 입양 모임에 갔다가 본가에 있는 고양이와 똑같은 '수'를 만나 입양하고 싶어졌습니다.

고양이를 둘러싼
사회와 환경의
변화

　　고양이를 키우는 방식에 대해서는 저마다 생각과 가치관이 다를 것입니다. 하지만 구조자와 약속했다면 시비를 따질 게 아니라 반드시 지켜야 합니다. 입양 조건과 계약서가 있고 거기에 승낙했다면 당연히 지켜야겠지요.

'완전 실내 사육'은 입양 조건에 반드시 들어갑니다. 바깥에서 자유롭게 살아온 고양이를 집 안에 가두는 게 불쌍하다고 생각할 수도 있겠지요. 집 안팎을 자유롭게 오갈 수 있다면 그보다 더 좋은 환경은 없을 것입니다. 실제로 그런 스타일로 건강하게 살아가는 고양이도 적지 않습니다. 담장 위나 나무 그늘에서 느긋하게 낮잠을 자는 고양이의 모습은 평화의 상징으로 여겨지기조차 하니까요.

하지만 인간이 만든 현대의 환경은 고양이들에게 결코 쾌적한 것이 못 됩니다. 특히 교통량이 많고 고층 빌딩이 많은 도시에서는 사고를 당할 확률이 매우 높습니다. 그 외에 길을 잃거나 다치기도 하고 인간에게 비참하게 학대당하는 등 바깥에서의 삶은 큰 위험이 따릅니다. 그런 이유에서 '완전 실내 사육'이 입양 조건이 된 것입니다.

밖으로 내보낼 생각이 없어도, C씨처럼 '이 정도라면 괜찮겠지'라고 방심했다가 탈출이나 낙하 사고가 일어나기도 합니다. 생각지 못한 행동을 하는 것이 고양이고, 사고가 일어난 후에는 늦다는 걸 기억하세요.

스스로 구조하거나, 아는 사람에게서 입양한 경우라도 매우 조심해야 합니다. 고양이의 성격과 능력, 순응도 등을 고려해서 집 밖이나 베란다 등에 나가게 방치했을 때는, 앞서 말한 위험에 처할 수 있다는 걸 고려해야 합니다. 키우는 방법은 자유롭게 선택할 수 있지만 대신 이런저런 각오는 필요합니다.

고양이에 대한 생각이나 가치관의 차이를 좁히지 못한 채….

오해받은 채 해명할 새도 없이….

사소한 부주의를….

나와 비슷한 생각을 하는 사람이 많았다.

일단 너무 화가 나서 자원봉사 단체의 불만 사이트를 찾아서 불만을 제기하려 했다.

맞아!

너무해!

맞아, 맞아.

안타깝긴 하지만

그건 아니지 않나 하는 의견도 있어서 ….

그쪽도 아마추어인데.

반려동물 불가인 집이라고 바로 내쫓다니 너무 융통성 없는 거 아니야?

불쌍해서 협조한 건데

수!! 수~

수!

수~

수~~!!

수~!

…미안해.

수….

나는…?

좋아요♥ 어떻게 됐죠?
ㅇ수는 어떻게 됐죠?
ㅇ수 이야기가 부족해!
ㅇ좀 걱정되네요.
ㅇ업데이트해 줘요.

만약, 이번에 다시 한 번 제대로 책임질 수 있다면, 임보를 재개할 수 있도록 설득할게요.

며칠 후, 달리아 씨가 와 주었다.

한두 번의 실수는 있고 오히려 그걸 계기로 중요한 걸 깨달을 수도 있으니까요.

애정의 깊이만큼 엄격해진 거예요.

많이 먹고 얼른 크자.

수,

수는 다나카 씨가 처음으로 구조한 아이예요. 열심히 순화 훈련을 했지요.

MILK

정말 죄송합니다! 수를 잘 부탁해요.

그래요.

...

지금의 저는 안 될 것 같아요.

고맙습니다.

고양이의 행복은 인간에게 달려 있다

　　C씨와 다나카 씨, 모두 '고양이가 좋다'는 마음은 있지만 신뢰 관계를 맺지 못한 채 임보를 시작했고 그 결과 수는 위험에 처하고 말았습니다.

실제로 일어나는 일입니다. 입양자에게 명백한 잘못이 있거나, 구조자의 진행 방식이나 사고방식에 편견이 있거나…. 콕 집어 말할 수는 없지만 확실한 것은 인간 사이에서 일어나는 문제라는 것입니다.

만화 속 C씨는 무책임한 사람처럼 비치지만 수를 예뻐한 것은 사실입니다. 아이와 시간을 함께 보내면서 자각과 책임감을 키워 가던 중이었는지도 모릅니다. 하지만 그 전에 탈출 사고가 일어나고 말았습니다. 보살핌을 받을 수 없다는 건 새끼 고양이에게는 목숨이 달린 큰일입니다. 다나카 씨는 무척 성실하게 구조 활동을 했고, 열심히 수를 돌봤습니다. 그러나 구조한 고양이의 행복을 바라는 강한 마음이 입양자에게 큰 압박이 되었는지도 모릅니다.

수만이 아니라 입양자의 마음을 의식했다면 결과는 달라졌을지도 모릅니다. 한편 달리아 씨였다면 괜찮았을까요? 그 또한 모르는 일입니다.

인간은 약하고 불완전한 존재입니다. 펫숍처럼 돈을 매개로 한 관계가 아닌, 기본적으로 선의를 기반으로 성립된 구조자의 입양에는 감정이 앞서는 일도 있습니다. 평소라면 서로 관여할 일이 없는 사람들이기에 생각의 차이가 생기는 것은 당연한지도 모릅니다.

우선은 나부터 마음을 열고 이해가 갈 때까지 이야기를 나누세요. 그것이 가능하지 않은 상대와는 고양이, 즉 생명체를 주고받는 일은 해서는 안 되겠지요.

절대로 잊어서는 안 되는 것은 구조자가 있었기에 그 고양이와 만났다는 사실입니다.

탈출 방지

탈출 방지와
탈출 시
찾는 방법

정말로 작은
부주의가
탈출과 사고로
이어진다!

기본 중 기본은 현관이나 창문을 열어두지 않는다.
(사람이) 드나들 때는 조심하자!

자기도 모르는 사이에
나가기도 한다.
그걸 눈치채지 못한
반려인이 안에서
문을 닫아 버리면
결과적으로 본인 손으로
고양이를 내쫓는 격이다.

고양이는 틈이
있으면 앞일
생각하지 않고
들어간다는 걸
잊지 않도록.

창문 스토퍼도

안 열린다옹.

안 움직인다옹.

손잡이에 다는
스토퍼

최근에는 반려동물용 철망이나 방묘문 등
편리한 물품도 많이 있으므로 활용해 보자!

철망

들어가면 안 되는
방문에 달면 편리.

방묘문

일반적인
철망보다 크고
구멍이 잘 안 난다.

◆ 탈출했다면 이틀 안에는 찾는 게 좋아요.

♣ 암컷은 그렇게 멀리 가지 않으므로 근처 틈새를 빠짐없이 찾아보세요. 중성화 수술 전의 수컷은… 멀리 가기 전에
가능한 한 빨리 찾아야 합니다.

♥ 인터넷에 있는 반려동물 찾기 게시판 등을 활용하는 것도 좋아요.

♣ 전단지는 의외로 효과적입니다. 모인 정보와 지도를 비교해 가면 있을 만한 곳의 범위가 조금씩 좁혀지니 그곳에
포획틀을 설치합니다!

◆ 완전 실내 사육으로 자란 경우 고양이에 따라 바깥은 우주 같은 것.

♣ 스스로 나가서 패닉에 빠져 있으므로…. 빨리 찾아야 해요.

◆ 틈이 있으면 들어가고 싶은 것, 그것이 바로 고양이.

♣ 탈출이라면 괜찮지만 틈 바깥이 고층 아파트라면 그대로 추락사. 실제로 있는 일이므로 주의해야 해요.

♥ 아아…. 되돌릴 수 없는 일.

탈출 직후 몇 시간은 멀리는 가지 못하므로
가까운 곳을 중심으로 찾자. 다른 사람 집에
멋대로 들어가지 않도록 주의한다.
(미리 부탁하는 방법도 있다.)

자택의 좁은 곳에
숨어 있는 경우도.

가능하면 집에서 기다리는 사람을
한 명 확보하면 좋다. 고양이가 돌아오면
곧바로 집에 들일 수 있도록 하자.
포획틀도 제때 활용.
좋아하는 간식과
마타타비 등도 놓아둔다.

다음 날도 찾지 못한다면 전단지를 만들자.
고양이의 사진, 특징 등과 반려인의 연락처를 쓰고
인터넷에 올리거나 병원 등에 붙여달라고 부탁한다.
(인터넷에도 서식이 있다!)

의외로
효과가 있다.

고양이 탐정에게 부탁하는 방법도!
인터넷으로 찾는 경우 후기를
참고로 하면 좋아요!

고양이를 찾습니다!

이름:닝닝
우:3살
몸무게:3kg
목걸이:차고 있음

프로!

잃어버린 고양이
인터넷 게시판도 있어요!

수색 개시와 함께 동물보호센터에 꼭 연락하자!
특징 외에도 인식 칩의 유무 등을 전달한다.
데려갔을 경우 연락이 온다.

※ 알려두지 않으면 보호센터에서 발견해도 보호자에게
　 연락할 수 없어서, 얼마 지나지 않아 살처분될 수도…!

♣ 실제 몸통의 폭은 보기보다 좁으니까요.

◆ 베란다에 자유롭게 나갔던 고양이가 갑자기 울린 구급차의 사이렌 소리에 놀라서 뛰어내려 추락하는 사고도
　 있었어요. 마당이나 베란다 산책은…. 지역 환경이나 고양이의 성격에 따라 다르니까요.

♥ "바깥에 못 나가게 하겠다"고 구조자와 약속했다면 지키는 게 당연하다고 생각해요.

◆ 그렇지요. 자기 스타일로 키우더라도 처음에는 우선 약속대로 지낸 후에 고양이와의 관계를 돈독히 하는 것이 중요해요.

♣ 약속하지 않았다 해도, 자유롭게 기르고 싶다며 바깥으로 내보냈다가 어느 날 갑자기 돌아오지 않거나 사고로 죽는다면
　 자유롭게 살게 해서 행복했다고 생각할 수 있을지…

♥ 무리죠! 하지만 무엇이 고양이의 행복이냐고 묻는다면 알 수 없지요.

◆ 그래요. 행복은 모르겠지만 안전은 알 수 있죠. 그것만이라도 주고 싶어요.

♣ 그렇죠. 그 다음은…. 안정이겠죠.

♥ 찬성! 고양이를 입양하는 것은 안전과 안정을 책임지는 일이라고 생각해요.

에필로그

고양이와 살다

고양이들이 주는
의외의 놀라움

고양이들이 알려 주는
수많은 소중함은

매일 빼놓을 수 없는
보물이다.

고양이가
있는 삶은
즐겁다!

그래서
이건
나의
개인적인
의견이지만

아니,
여기에 한 명
확실히 그렇게
생각하는 사람이 있다.

딸랑딸랑~

복슬복슬~

아아~정말!
행복해!

나
이상인지도?

한때 탈출한 수는
사진가인 남성이 데려가,
그 집의 고양이와
사이좋게 지낸다.

수,
건강해
보이네.

포동포동

카메라 가방

후후후

D 씨

뭐 움직이겠어요

아,
D 씨다.

띠링

117

줄곧 결정을 못 했는데, 자연히 '지금'이란 생각이 들었다.

4월 4일 모스케를 보낸 지 3년이 지난 오늘, 집에 두었던 유골을 납골하기로 했다.

물도 있고!

창문 닫혔고!

늦겠지만 사이좋게 기다려….

밥 먹고 올게.

샤루, 고마, 집 잘 봐~

고마, 비키라옹~!!

팡

팡

안 되겠다.

샤루, 이거 고마의 방석이다냥

풋

….

그럼 다녀 오겠습니다!

휙

유일무이한
해피엔딩이
기다리고 있다.

어느 집이든
그 집만의 고양이
이야기가 있고

분명

모두~
행복해지라냥!

세상에 하나뿐인 고양이 이야기

이 책을 만든 사람도 모두 구조한 고양이를 가족으로 맞이했습니다.
각각의 추억과 에피소드를 소개하겠습니다.
하나하나 보석함 같은 유일무이한 이야기입니다.

마리모 12세(우) ◎구조 당시 1세

낯을 가리는 길고양이가 한 살 때 낳은 것을 계기로 모자를 함께
입양. 새끼 고양이들은 입양자가 나타나 한 마리씩 떠났지만
비통한 목소리로 새끼들을 찾는 모습에 가슴이 저렸습니다. 하루
밤낮을 먹지도 자지도 않고 킁킁거리며 찾느라 코끝이 벗겨지더니
사흘째에는 배터리가 다 닳은 듯 잠들더라고요. 그 후 새끼는 잊고
천천히 본래의 한 살다운 순진무구한 집고양이로 거듭났지요.
훌륭한 어미였다는 것, '본냥은 잊었어도 나는 확실히 기억하고
있다고!

●구리타 가오(작가)

롯시 12세(♂) ◎구조 당시 생후 45일

바깥에서 육아 중인 어미 고양이가 내 눈앞에 두고 사라진
것은 명백히 다른 새끼보다 성장 상태가 좋지 않은 새끼
고양이. 눈곱이나 콧물이 심하고 말라서 빈말이라도
예쁘다는 말이 나오지 않는 새끼 고양이였어요. 우리 집에
처음 온 구조 고양이이기도 하고 이유식부터 손으로 만든
것도 이 아이뿐. 시치미 뗀 얼굴로 다른 아이를 돌보고 있으면
비집고 들어오는, 자기주장이 강한 면도 있지요.
더 나이 먹어도 지금 성격 그대로 있어 줘.

●후루야마 노리코(수의사)

칸베 2세(♂) ◎구조 당시 4~5개월

언니의 지인이 사정이 있어 키우지 못하게 된 고양이를
거두게 되었어요. 처음에는 갈라진 목소리로 울어댔지만,
몇 시간 후에 언제 그랬나는 듯이 가족의 무릎에서
배를 드러내고 잠들었어요. 다음 날에는 멋대로 가족의
이불에서 자는 뻔뻔함을 보이기도. 이전 고양이가
무지개다리를 건너고 펫로스로 힘들어했던 아버지도, 막상
데려오니 첫날부터 품 안에서 잠드는 새끼 고양이에게
푹 빠졌지요. 칸베가 펫로스의 고통에서 우리를 구해
주었어요. 지금은 가족 모두 매일 질리지 않는 나날을
보내고 있습니다.

●오노자키 리카(일러스트레이터)

냐오냐오 8세(우) ◎구조 당시 4세

농가의 부지를 주 거처로 삼던 지역고양이로, 선천적으로 눈이 안 보이지만 육아도 경험한 아이. 잠시 지켜봤지만 교통사고를 당한 것을 계기로 구조했어요. 눈이 보이지 않기도 해서 구조 당시에는 공포로 도망다녔지만 점차 마음을 열어 주었고, 두세 달 지나자 무서워하지 않고 손길도 허락해 주었어요. 지금은 진심으로 믿어 주는 것 같아요. 이름을 부르면 휙 돌아보며 "냐오!" 하고 울어요. 그 모습을 보는 것만으로도 행복해요!

●다케하라 요시코(고양이 자원봉사자)

모치코 8세(우) ◎구조 당시 5개월

자원봉사자에게 입양한 구조 고양이. 처음에는 침대 안에서 나오지 않았어요. 그 후에 연일 밤에 울거나 대운동회를 벌여서 앞으로 함께 행복하게 살 수 있을지 걱정한 적도 있지요. 하지만 2주가 지나지 않아 안정되었고 내가 이불에 들어가면 곧바로 뿅 하고 침대로 올라와 머리맡에서 자게 되었어요. 걱정했던 일은 깡그리 잊고 지금은 얼굴도 목소리도 몸짓도 모든 것이 예뻐서 "모치코, 행복해야 해!"라며 대자로 뻗어 자는 아이의 배를 한없이 쓰다듬습니다.

●미야다 레이코(편집부)

love ♡

토토 8세(우) ◎구조 당시 2~3개월

비 오는 날, 근처 주차장에서 비통한 울음소리가…. 찾아보니 차의 엔진 룸 안에서 조그맣고 더러워진 새끼 고양이를 발견했어요. 눈이 마주치자 경계하며 하악질! 물릴 각오로 안았더니 순식간에 골골송. 추워서 신경이 예민해졌던 것이겠죠. 온 힘을 다해 애교를 부리는 통에 내버려두지 못하고 그대로 집으로 데려왔어요. 애교가 많고 눈이 마주치기만 해도 심장이 쿵 내려앉을 정도로 귀엽고 사랑스러운 존재. 우리 집에 와 줘서 고마워.

●나나옹(일러스트레이터)

나나옹 씨네 새로운 구조 고양이 푸푸와 키우던 고양이 토토의 이야기가 다음 페이지에!

챠모롱 향년 20세 정도 ◎구조 당시 2~3세

교통사고로 당시 근무하던 병원에 실려 온 길고양이. 턱이 으스러지고 고양이 면역 결핍 바이러스 양성, 의식도 몇 개월간 없어서 "건강해지면 우리 집에 가자" 하고 말을 계속 걸었더니 회복했어요. 우리 집에 데려가서 케이지에 넣었는데 아침에 일어나자 방 구석까지 케이지가 이동해 있었어요. 수의사가 된 후 20년 가까이 곁에서 지켜봐 주었어요. 고마워. 카레빵 같은 얼굴이 무척 매력적이었단다!

●니시무라 도모코

※고양이도 사람도 경칭 생략

한 달 후에는

수많은 애정으로 마음과 배를 채운(아마도) 토토의 '하악질'은 조금씩 줄었고

푸푸의 건사료를 몰래 훔쳐 먹는 정도로 익숙해졌다.

냠냠

그리고 이 책의 원고가 완성될 무렵에는

토토의 귀를 먹는 푸푸.

원고 그리게 해 줘! 내일 마감! (이 원고!)

훌륭한 '게으름뱅이 고양이' 두 마리가 탄생했다.

6kg

2.7kg

그래도 사랑스러운 구조 고양이의 생활.(끝)

불신 가득한 얼굴로 바라보는 토토를 보니 마음이 아팠다.

꽉 낌

일단 푸푸에게는 안심했지만

벽장에 처박힌 토토.

하악~

내일, 아니 모레쯤으로 보내는 세기의 하악질.

너무나 박력 없는 토토의 '하악질'이었지만 본묘는 진지하다.

고민 중이지만 엉덩이가 귀여워

언제까지나 함께 있는 거야.

토토, 세상에서 토토가 제일 예뻐. 사랑해.

저기 토토, 토토가… (이하동문).

저기 토토, 토토가 세상에서 가장 좋아하는 닭가슴살이야.

저기 토토, 토토가 세상에서 가장 좋아하는 가다랑어포야.

우걱우걱

맛있다냥~

☆이 만화는 정말로 마지막에 그렸습니다.

맺음말

우선, 이 책을 선택해 주셔서 감사합니다. 직접 고양이를 구조한 경험이 있는 분, 혹은 앞으로 고양이와 살고 싶어 하는 분이 많을까요? 이 책에서는 다양한 구조 고양이에 관한 이야기를 소개했습니다. 전자라면 '이런 일 있지, 있어'라고 고개를 끄덕여 주신다면 기쁘겠습니다. 자신의 경험과 겹치는 이야기가 많이 있었을까요? 후자라면 '조금 힘들겠다'고 느꼈나요? 하지만 항상 이렇게 수고로운 일만 있는 것은 아니니 마음 놓으세요. 이른 시기에 구조되어 사람 손에서 자란 고양이는 애교쟁이로 크는 경우도 많으니까요. 형제 고양이들과 함께 자라면 사회성 등도 이미 갖춘 경우가 많으므로 오히려 손이 가지 않기도 하죠.

하지만 구조한 고양이를 입양하는 일은 약간의 수고를 동반하기도 한다는 말씀을 드리고 싶습니다. 다만 그것을 함께 극복했을 때의 기쁨, 그 후의 행복감은 수고에 비례하여 커지겠지요. 저 자신도 다치거나 아파서 바깥에서 생활하기 힘든 고양이를 번번이 구조했지만, 무사히 회복해 따뜻한 가정에서 인연을 맺었을 때는 함께 애써온 동지로서 그때마다 마음이 찡해집니다.

실제로 지금도 크게 다쳐서 구조된 성묘를 집에서 돌보고 있습니다. 얌전한 것은 좋지만 무척 겁이 많은 고양이라 과연 사람에게 마음을 열지, 얼마간 불안했던 터였습니다. 우선은 상처를 치료하는 데 전념했지요. 차차 상처가 회복됨에 따라 마음의 상처도 나아지는지 제가 쓰다듬어 주면 가만히 눈을 가늘게 뜨며 좋아하게 되었습니다. 공포스럽기만 했던 사람의 손이 편안함을 주는 것으로 변한 모양이에요. 이렇게 되기까지 두 달이 걸렸습니다.

불쌍하다는 마음만으로는 해결할 수 없는 문제는 많으니 스스로 무엇을 할 수 있는지 생각을 정리해 두는 것도 중요하겠지요. 어떤 일이 일어났을 때

도움이 되는 내용이 고양이 선배 세미나에 정리되어 있습니다. 또 제 얘기지만 고양이 구조 단체에서 입양 간 고양이들의 근황을 알려 주거나, 의논해 오는 분들이 많습니다. 에필로그 '고양이와 살다'에서도 나오듯, 행복을 나눠 받고 있는 느낌이라 덤으로 받는 선물에 행복해하고 있습니다. 그야말로 돈으로는 살 수 없는 기쁨이지요.

마지막으로 '이런 책이 있으면 좋겠다'는 마음을 실제 책으로 만들어 주느라 애쓰신 여러분, 그리고 고양이 구조와 입양을 위한 자원봉사 활동에 날마다 매진하는 분들, 나아가 구조한 고양이를 가족의 일원으로 맞이해 주신 분들께도, 고양이 반려인의 한 사람으로서 고마움을 전합니다. 수많은 분에게 이러한 활동이 알려지기를 소망합니다.

후루야마 노리코
수의사/아자부대학 수의학과 졸업. 수제 식사를 중심으로 한 개, 고양이 건강관리법을 제안한다. 일본 수의동종요법학회 공인 국제약선사.

🐾 STAFF

構成・文・まんが原作 粟田佳織 (Kaori Awata)

監　修 古山範子 (Noriko Furuyama)：獣医師

医療指導 西村知美 (Tomomi Nishimura)：アール動物病院院長

ケア指導 武原淑子 (Yoshiko Takehara)：東京都動物愛護推進員

イラスト 小野崎理香 (Rika Onozaki)：まんが

　　　　　 ななおん (Nanaon)：まんが

カバー・本文デザイン 岡睦 (Mutsumi Oka)：mocha design

사지 않고, 버리지 않는 반려문화를 위한

길고양이·유기묘 입양 안내서

발행일 초판 1쇄 인쇄 2022년 5월 2일

　　　　 초판 1쇄 발행 2022년 5월 16일

엮은이 네코비요리 편집부

옮긴이 박제이

펴낸이 고경원

편집 고경원

디자인 131WATT

펴낸곳 야옹서가

출판등록 2017년 4월 3일(제2020-000107호)

주소 03925 서울시 마포구 월드컵북로 400, 5층 19호

전화 070-4113-0909

팩스 02-6003-0295

이메일 catstory.kr@gmail.com

ISBN 979-11-91179-04-0 (07520)